행복을 책임지는 사람

더 넓은 세상을
보여 주는 교과서

Foundation of Democracy: Responsibility

by Center for Civic Education

중학생을 위한 민주주의 **책임편**

RePOSibiLiTy

더 넓은 세상을
보여 주는 교과서

행복을
책임지는
사람

이혜숙 · 손진근 · 이근화 엮고 씀
민주화운동기념사업회 · 학교시민교육연구회 기획
미국 시민교육센터(CCE) 시민교육 프로그램 공유 출판 도서

인물과
사상사

살아 있는 민주주의,
진화하는 민주주의를 위하여

살아 있는 민주주의는 늘 진화 중이며, 그 진화에는 끝이 없습니다. 살아 있는 민주주의는 완전한 형태로 성취될 수도 없지만, 우리가 방심한다면 쉽게 사라질 수도 있는 나약하면서도 늘 변화하는 과정에 있는 것입니다. 그렇기에 이에 대해 늘 관심을 갖고 지켜보아야 하며, 더 나아가서는 이를 지켜내려는 희생이 필요하기도 합니다.

민주주의를 실현하려는 사회에서는 제도뿐 아니라 이를 실천에 옮기려는 사회 구성원들의 의지도 중요합니다. 더 나아가 그 사회에 살고 있는 대다수의 시민들이 민주주의에 대해 무지하거나, 그것을 적절히 실천할 수 있는 방법과 절차를 알지 못한다면 민주주의는 결코 진화할 수 없습니다. 제도 발전과 함께 올바른 의식을 갖춘 시민 양성에 관심을 갖는 일은 민주주의 발전 과정에서 자연스러운 것입니다.

따라서 우리나라의 학교는 의식적으로 계획된 교육과정을 통해 민주적인 정치의식이나 신념 및 태도들을 '어린 시민'들에게 내면화시키는 중요한 역할을 해야 합니다. 우리 사업회가 2005년 전국사회교사모임에 의뢰한 연구 보고서는 전국 1,000여 명의 초중고 교사들의 응답을 다음과 같이 정리하였습니다.

교육과정상의 모든 교과는 민주시민교육을 지향하도록 하고 있으며, 재량활동과 특별활동에서도 민주시민교육과 민주시민의 자질을 형성하도록 되어 있는데도 불구하고 교과 및 특별활동, 창의적 재량활동, 이들을 포함하는 전반적인 교육활동상에서 민주시민교육에 대한 기여도가 평균 이하로 나오는 것으로 보아 현재 학교에서 이루어지고 있는 교육활동이 민주시민 양성이라는 궁극적인 목표를 제대로 달성하지 못하고 있는 것으로 판단된다.

그리고 이 연구에 의하면 우리나라 교사들은 책임감, 인권, 참여, 정의, 관용을 우선적으로 다루는 시민교육교재 프로그램이 필요하다고 보았습니다. 따라서 민주화운동기념사업회는 2008년 10월 미국 시민교육센터(CCE: Center for Civic Education)와 양해각서(MOU)를 체결하고, '민주주의의 기초(Foundation of Democracy)' 라는 시민교육 프로그램을 한국형으로 개발하기로 했습니다.

이미 몇 년 전부터 이 프로그램에 관심을 갖고 번역하여 공부를 하였던 교사들이 있었기에 별다른 어려움 없이 이 책을 출판하게 되었습니다. 우리 사업회보다 먼저 관심을 갖고 공부모임에 참여하셨던 공영아 · 김미란 · 김소연 · 김원태 · 문덕순 · 양설 · 윤지아 · 이근화 · 이민정 · 이은주 · 이정은 · 이지영 · 이현주 · 이혜숙 · 장대진 · 천희완 선생님들께 감사의 마음을 전합니다.

2009년 12월

민주화운동기념사업회 이사장 함세웅

미래를 위한 '민주시민교육'이 필요합니다

　　오늘도 학교는 참 바쁩니다. 학교에서는 정규 교과수업, 계발활동, 학급활동을 포함한 다양한 교육활동이 이루어집니다. 그러다 문득 우리 사회는, 또 우리 선생님들은 학생들이 어떤 사람으로 자라나기를 바라는 것일까 생각해 봅니다. 여러분들은 어떤가요? 자신이 무엇을 배우고 어떻게 변해 가기를 바라나요?

　　선생님들은 학생들 모두 자신이 해야 할 일이 무엇인지 알고, 책임감 있게 생활을 해 나가며 자신의 행동이 가져올 결과에 대해 생각할 수 있게 되기를 바랍니다. 학교는 아이들이 지식을 배울 수 있는 곳인 동시에 다른 사람과 어울려 사는 법을 배우는 곳이기도 합니다. 500명 또는 1,000명의 학생들과 수십 명의 교사들이 5층짜리 건물 하나에서 하루 반나절 이상의 시간을 보내려면 지켜야 할 규칙과 꼭 해야 할 과업이 생길 수밖에 없습니다. 때로는 다른 사람을 위해 자신이 하고 싶은 걸 포기해야 하는 일도 있지요.

　　선생님들은 학생들에게 다른 사람들과 함께 살기 위해 꼭 필요한 '책임'을 어떻게 하면 잘 알려 줄 수 있을까 고민합니다. 책임은 학교라는 작은 사회를 유지하기 위해서도 꼭 필요하지만, 장차 어른이 되어 '훌륭한 시민'으로서 자기 몫을 다하기 위해서도 꼭 필요합니다.

　　책임은 매우 기본적인 시민의 자질입니다. 어쩌면 너무 당연하고 기본적인 것이기 때문에 여러분은 '책임'에 대해 공부해야 한다고 생각해 본 적이 없을지도 모릅니다. 그렇지만 일상생활에서 우리는 누가 책임을 져야 하는지, 왜 그런 책임이 생기는지 이

해가 되지 않는 경우를 종종 경험하게 됩니다. 그러한 상황에서 학생들이 현명하게 대처하기 위해서는 평소 학습이 필요합니다. 어린 시절부터 배우고 익히고 생각하고 체험해야 합니다.

　이 책은 선생님들의 이런 고민과 반성에서 탄생했습니다. 『행복을 책임지는 사람』은 미국 시민교육센터에서 개발한 시민교육 프로그램이 원형입니다. 민주주의 기초 (Foundation of Democracy) 시리즈 중에서 '책임(Responsibility)' 부분을 한국 실정에 맞게 응용한 것입니다. 학생 한 사람 한 사람이 책임과 관련된 민주주의 가치를 자연스럽게 받아들이고, 일상생활에서 실천할 수 있기를 바랍니다.

2009년 12월

이혜숙 · 이근화 · 손진근

CONTENTS

책임이란 무엇인가

책임에 따른 이익과 비용

책임 충돌과 선택

누구의 책임인가

PART I

책임이란 무엇인가

골목길 외진 곳에 버려진 쓰레기들.
불법 쓰레기 투기를 하지 말아야 하는
책임은 어디에서 비롯되었을까요?

Part I 에서는 개인과 사회의 책임이 얼마나 중요한지 배웁니다. 책임을 다하지 않았을 때 어떤 일이 벌어지는지 생각해 봅시다. 책임은 우리가 '해야만 하는 일들' 을 말합니다. 일상생활에서 우리는 많은 일에 책임을 지고 있습니다. 학교에서는 공부를 하고 청소를 해야 할 책임이 있고 집에서는 엄마, 아빠를 도와 집안일을 하거나 동생을 돌볼 책임이 있습니다. 또, 친구들과의 약속이 있다면 시간에 맞춰 나가야 할 책임이 생깁니다. 그런데 이런 책임들은 어디에서 비롯되었을까요? 책임이 어디에서 왔는지 아는 것은 여러분에게 도움이 됩니다. 책임에 대해 잘 이해한다면 가끔은 우리를 피곤하게 하는 이 책임이란 녀석을 좀 더 기쁜 마음으로 받아들일 수 있을 테니까요. 우리에게 '해야만 하는 일들' 이 생기는 것은 약속, 임무, 임명, 직업, 법, 관습, 시민성, 도덕적 원리 때문이랍니다. Part I 에서는 위와 같은 책임의 근원에 대해 얘기해 볼 거예요. 익숙한 단어도 있고 낯선 단어도 보이지만 하나씩 살펴보면 어려운 얘기는 아니랍니다.

이.
책임이란
무엇인가?

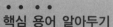

학 습 길 잡 이

이 작은 책임의 개념과 책임의 중요성에 대해 소개합니다. 책임의 문제와 관련된 3가지 상황을 검토한 후, 일상생활 속에서 나타나는 책임의 결과들에 대해 알아봅시다. 여러분이 이 단원을 마치게 될 때는 책임의 개념을 명확히 파악할 수 있으며 누가 책임을 지고 있는지, 책임과 관련된 보상과 벌은 무엇인지에 대해서 알 수 있게 됩니다.

• • • •
핵심 용어 알아두기

• 책임: 맡아서 해야 할 임무나 의무.

• 보상: 남에게 끼친 손해나 남에게 진 빚을 갚음.

• 처벌: 형벌에 처함. 또는 그 벌.

책임이란, 의무나 임무

책임이란 어떤 것을 해야만 하는, 혹은 하지 말아야만 하는 의무나 임무를 말합니다. 예를 들어 여러분은 어린 동생들을 돌보거나 친구들과 놀러 나가기 전에 숙제를 끝내야 할 책임, 허락 없이 부모님의 물건을 만지지 말아야 할 책임이 있습니다.

일반적으로 책임을 수행하면 보상이나 이익이 따라오지만, 실패할 경우엔 벌이 따라올 수도 있습니다. 여러분이 자신의 방을 깨끗하게 치우면 칭찬을 받지만, 오랫동안 청소도 안 하고 지저분하게 내버려 두면 엄마에게 꾸중을 듣는 것과 같습니다. 책임을 수행했을 때와 수행하지 못했을 때는 다른 결과가 나타납니다.

생각 넓히기 ① 어떻게 책임을 져야 할까요?

다음 상황들은 책임의 문제를 다루고 있습니다. 각각을 읽고 물음에 답하세요.

◎ 골목길 모퉁이에 한 학생이 불량배들 무리에 둘러싸여 있습니다. 불량배들은 학생의 어깨를 툭툭 치며 위협하고 있습니다. "왜 이러세요. 보내 주세요." 학생은 겁을 잔뜩 먹은 듯이 떨리는 목소리로 애원하고, 골목길에는 드문드문 사람들이 지나갑니다. 하지만 아무도 그 불량배를 상대할 엄두를 내지 않고 못 본 체 피해 갑니다. 불량배들은 간혹 지나가는 사람과 눈이 마주치면 험상궂은 표정으로 상관하지 말라는 신호를 보냅니다. 마침 철수도 그 길을 지나가게 되었습니다. 위험에 빠진 학생은 자기 나이 또래로 보였습니다. 그렇지만 철수는 겁이 나서 얼른 뛰어서 그 골목길을 빠져나왔습니다. 그 학생이 걱정이 되었지만 불량배들이 해코지 할까봐 신고도 하지 않았습니다.

◎ 종례시간에 담임선생님이 누군가 영희의 MP3를 훔쳐갔다고 얘기했습니다. 영희는 자기 MP3는 흰색에 상표는 ○○○이고, 직사각형 모양의 납작한 생김새라고 설명하고는 범인이 자수하거나 물건을 돌려주었으면 좋겠다고 호소했습니다. 철수는 순간 영수가 가지고 있던 MP3가 생각나 당황스러웠습니다. 영수는 점심시간에 조용히 가방 속에 MP3를 넣어 두었습니다. 영희가 설명하는 것과 똑같은 MP3였습니다. 철수는 영수 부모님이 영수에게 MP3를 사 주지 않았다는 걸 알고 있었습니다. 철수는 이 사실을 담임 선생님이나 영희에게 알려야 할지 고민스러웠습니다.

◎ 세종시 국회의원 A는 '총량제한 배출권 거래제' 에 관한 법률안에 찬성해야 할

지 반대해야 할지 갈등하고 있습니다. 이 법률이 통과되면 세종시에 있는 공장주들은 대기와 수질오염 물질 배출을 줄이기 위해 많은 돈을 써야 하는데, 이는 지역 경제에 심각한 악영향을 끼칠 수 있습니다. 그래서 세종시에서 관련 업종에 종사하거나 공장을 가지고 사업을 하는 사람들은 이 법률안에 반대합니다. 지금 당장 경제적 손실이 막대하기 때문입니다. 반면에 대다수 일반 시민들은 이 법안에 찬성합니다. 좀 더 깨끗하고 안전한 도시에서 생활하고 싶기 때문입니다.

　A 국회의원이 갈등하는 이유는 내년에 있을 선거 때문입니다. 이 법안에 반대하는 사람들은 적은 숫자지만 돈이 많고 입김이 센 세종시의 부유층입니다. 또, 이 법안에 찬성하는 사람들은 세종시에 살고 있는 대다수 평범한 시민들입니다. A 국회의원은 어떤 선택을 해야 할까요? 그가 찬성하느냐 반대하느냐에 따라 다음 번 선거가 달려 있습니다.

1. 위의 3가지 상황에서 각각 누구에게 책임이 있나요?

2. 각각 그 책임은 무엇인가요?

3. 누구에게 책임을 져야 하나요?

4. 그 책임은 어디에서 나오나요?

5. 사람들이 책임을 다했을 때 혹은 책임을 다하지 못했을 때 무슨 일이 일어날까요?

각각의 책임을 검토하고 결론을 내기 위해서는 '사람들이 책임을 다하는 것이 왜 중요한가', '책임이 어디에서 오는가'를 알아야 합니다. 책임은 어디에서 근원하는 걸까요? 나의 생활을 돌아보고, 나는 어떤 책임을 지고 있는지 하나하나 검토해 보세요.

1. 나의 책임은 무엇입니까?

2. 누구에게 책임을 지고 있나요?

3. 책임의 근원은 무엇인가요?

4. 내가 나의 책임을 다했을 때의 이익은 무엇인가요?

5. 모두 각자의 책임을 다하지 못하면, 어떤 일이 일어날까요?

6. 책임은 왜 중요한가요?

생활에 적용하기

1. 가정, 혹은 학교, 친구들 모임에서 자신의 책임에 대한 목록을 만들어 보세요. 책임이 누구에게 있는지, 책임의 근원은 무엇인지, 그 책임에 대한 보상과 벌은 무엇인지 잘 알 수 있습니다.

2. 신문이나 잡지에서 책임과 관련된 기사나 삽화를 모아 게시판을 꾸며 보세요.

02. 책임의 근원이 되는 8가지

핵심 용어 알아두기

• **강제 의무**: 자신의 의사와 상관없이 반드시 해야 할 일.

• **시민 의무**: 시민으로서 사회 공동체를 위해 해야 할 일.

• **도덕적 의무**: 양심, 사회적 여론, 관습 따위에 비추어 마땅히 해야 할 일.

• **의식적 선택**: 자신의 의사에 따른 선택.

8가지 책임의 근원

책임에는 근원이 있습니다. 근원이란 물줄기가 나오기 시작하는 곳이라는 의미로 사물이 어디서 비롯되는지를 말합니다. 책임은 어디서 비롯될까요? 다음은 책임의 8가지 근원들입니다.

① 약속: 약속에는 '자신의 말을 실천한다' 혹은 '그 약속을 지킨다'는 책임이 따릅니다. 약속은 계약이라고 불리는 법적 동의 형태를 띠기도 합니다. 계약을 이행하지 않을 때는 법적 처벌을 받게 되지요.

많은 경우 약속은 사적으로 이루어집니다. 사적인 약속은 대부분 약속이 지켜지지 않았다고 해서 법에 의해 처벌을 받지는 않습니다. 그러나 약속을

16

한다는 것은 자신의 말에 책임을 지겠다고 동의한 것이기 때문에 반드시 지켜야 합니다. 그렇지 않으면 신용을 잃게 됩니다.

사례 1: 명수는 하굣길에 아이스크림을 사 먹기 위해 재석이에게 1,000원을 빌렸습니다. 내일 아침 엄마에게 용돈을 받으면 꼭 갚기로 약속했습니다.

사례 2: 결혼을 앞둔 이모씨와 김모씨는 신혼집을 마련하기 위해 강남에 있는 33평 아파트를 계약하였습니다.

② 임무 : 직장 상사, 관리자 등 지위가 높은 사람들은 다른 사람에게 할 일을 지시하기도 합니다. 다른 사람들에게 책임을 부여해 주는 것입니다.

사례 1: 사회 선생님은 학생들에게 답사보고서를 작성하는 과제를 내주었습니다.

사례 2: 교장 선생님은 담임 선생님에게 점심시간에 급식실 질서 지도를 하도록 지시하였습니다.

③ 임명 : 때때로 사람들은 상황이나 경우에 따라 어떤 책임을 수행해야 하는 지위에 임명되거나 선정될 수도 있습니다.

사례 1: 대통령은 홍길동 씨를 검찰 총장으로 임명하였습니다.

사례 2: 철수는 학생 선거를 통해 전교 학생회장으로 선정되었습니다.

④ 직업 : 어떤 직업이든 특정한 책임이 수반됩니다.

사례 1: 자동차 정비사 민호는 차를 잘 수리하고 조립할 책임이 있습니다.

사례 2: 판사는 공정하게 사건을 처리하고 법에 따라서 형벌을 내릴 책임이 있습니다.

⑤ 법 : 법은 사람들에게 많은 책임을 부여합니다.

사례 1: 우리나라 학생들은 중학교를 졸업할 때까지 의무적으로 학교에 다녀야 합니다.

사례 2: 기숙 씨의 월급명세서에는 국세청에서 징수한 세금내역이 적혀 있습니다.

⑥ 관습 : 공동체의 생활습관인 관습은 종종 책임으로 이어집니다.

사례 1: 석헌이는 줄을 서서 참을성 있게 자기 순서를 기다립니다.

사례 2: 하준이는 친구 생일 파티에 선물을 가지고 왔습니다.

⑦ 시민성 : 우리 사회에는 시민으로서의 의무가 있습니다. 투표에 참여하는 것, 환경을 보전하는 것, 나라를 지키기 위해 군대에 가야 하는 것, 법을 준수하는 것, 공공문제에 관심을 갖는 것 등이 그 의무입니다.

사례 1: 민근이는 이번 선거에서 투표를 했습니다. 그것이 바로 시민의 의무이고, 시민의 책임이기 때문입니다.

사례 2: 재영이는 중요한 사회문제에 대하여 관심이 많습니다.

⑧ 도덕적 원리 : 도덕적 원리란 옳고 그름의 원칙에 바탕을 두고 있는 규칙이나 행동기준을 말합니다.

사례 1: 다른 사람을 존중할 줄 알아야 합니다.

사례 2: 거짓말을 하여 다른 사람을 속여서는 안 됩니다.

나의 책임과 나에 대한 주위 사람들의 책임

1. 나의 책임에는 어떤 것들이 있는지 말해 보세요. 그 책임의 근원은 약속, 임무, 임명, 직업, 법, 관습, 시민성, 도덕 원칙 등 중에서 어디에 해당하나요?

2. 여러분의 책임 중에서 스스로 자유롭게 맡은 책임은 무엇인가요? 또, 누군가에 의해 억지로 맡게 된 책임은 무엇이고, 얼떨결에 맡게 된 책임은 무엇인지 말해 보세요.

3. 나의 책임 중에서 가장 중요한 2가지는 무엇인가요? 왜 그렇게 생각하나요?

4. 가장 중요한 책임 2가지를 잘 수행했을 때 받게 되는 보상은 무엇인가요? 혹은 책임을 다하지 못했을 때 받게 되는 벌은 무엇인가요?

5. 2가지 책임을 수행할 때 가장 중요한 것은 무엇인가요? 만약 사람들이 이러한 책임들을 다하지 못했다면 어떤 일이 일어날까요?

6. 나에 대한 주위 사람의 책임에는 어떤 것들이 있나요? 목록으로 만들고 각각의 책임에 대해 다음과 같이 묻고 답해 보세요.

나에 대한 주위 사람들의 책임	
질문	답변
① 나에 대한 주위 사람들의 책임의 근원은 무엇인가요?	
② 그가 자발적으로 맡은 책임인가요, 강제로 맡게 된 책임인가요? 혹시 얼떨결에 맡은 것은 아닌지 솔직하게 말해 보세요.	
③ 그가 자신의 책임을 다했을 때 어떤 보상을 받게 되나요?	
④ 자신의 책임을 다하지 못했을 때는 어떤 벌을 받게 되나요?	
⑤ 책임을 수행할 때 가장 중요한 것은 무엇일까요? 사람들이 자신의 책임을 다하지 못하면, 어떤 일이 일어날까요?	

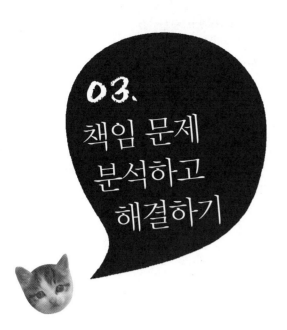

03.
책임 문제
분석하고
해결하기

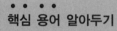

책임 문제 해결에 필요한 분석표를 만들고 사용법을 알아봅니다. 연습을 통해 책임과 관련된 여러 상황에 이 분석표를 적용해 봅시다.

핵심 용어 알아두기

• 보증: 어떤 사물이나 사람에 대하여 책임지고 틀림이 없음을 증명함.

• 위증: 거짓으로 증명함. 또는 그런 증거.

책임에는 항상 보상과 벌이 따른다

책임에는 항상 벌과 보상이 따릅니다. 자신의 직업에서 책임을 다했다면 그 보상은 바로 일에 대한 보수가 될 것이고, 책임을 다하지 못했다면 '해고'라는 벌을 받게 될 것입니다. 책임에 대해서 검토할 때는 책임과 연관된 보상과 벌을 고려하는 것이 매우 유용합니다.

생각 넓히기 | 책임 문제를 검토하는 분석표

다음 4가지 사례를 읽고 어떤 책임이 있는지 명확히 밝혀 보세요. 맨 끝에 나오는 책임 문제 분석표를 완성하고 같은 반 친구들과 토론해 보세요.

20

1. 판매자나 생산자는 어떤 책임을 가지고 있나요?

온라인 판매자는 구매한 날로부터 7일 이내에 소비자가 구매한 물건의 교환과 환불을 해 줍니다. 또, 전자제품 생산자는 보증기간 동안 결함이 있는 기계를 새것으로 교환해 주고 수선해 주기도 합니다. 이와 같은 보증은 소비자에게 특정한 법적 권리를 주는 것입니다.

2. 한 나라의 대통령은 국가와 국민에게 어떤 책임이 있나요?

1929년 주식시장의 붕괴는 미국 역사에 있어서 가장 안 좋은 경제침체기의 시작을 의미했습니다. 1932년 루즈벨트가 대통령이 되었을 때도 경제 상황은 전혀 나아지지 않았습니다. 선거 기간 내내 모든 미국 시민에게 "뉴딜"을 약속했던 루즈벨트 대통령은 실업자와 농부, 그밖에 도움이 필요한 사람들을 위한 새로운 프로그램을 만들기 시작했습니다. 또, 경제와 산업 전망을 밝게 하기 위해 노력했습니다. 루즈벨트를 대통령으로 선택한 유권자들은 그의 "뉴딜" 정책으로 나라의 경제가 회복되기를 희망했습니다.

뉴딜 정책 목표는 실업자들의 고통을 덜어 주는 것으로 루즈벨트 대통령은 공공사업촉진국(WPA) 등의 기관들을 세워 수많은 일자리를 마련했다.

3. 재판관과 증인의 책임은 무엇일까요?

재판관은 증인인 A씨가 비협조적으로 증언할 것이라는 생각이 들었습니다. 지금까지 여러 번 말을 바꿨기 때문입니다. 재판관은 A씨가 선서하는 것을 주의 깊게 들었습니다. A씨는 "나는 진실만을 말할 것을 선서합니다"라고 말했습니다.

재판관은 판사의 의무에 대해 생각했습니다. 판사인 자신에게는 사건을 공정하게 처리하고 재판을 아무 문제 없이 진행하며, 권위를 유지할 책임이 있었습니다. 재판관은 이렇게 말했습니다.

"A씨 만약 당신이 진실을 말하지 않는다면, 지금 막 당신이 한 선서에 따라 위증죄로 체포될 수도 있다는 사실을 알려 드립니다. 우리나라에서 위증죄는 1년 이상 10년 이하의 징역에 처하도록 하고 있습니다."

4. 학생들과 교사들은 어떤 책임이 있을까요?

사회 수업 시간이었습니다. 철수는 교과서와 필기도구를 챙겨 오지 않았고, 어제 밤늦게까지 게임을 하느라 별로 못 잤기 때문에 수업이 시작될 때부터 졸음이 쏟아졌습니다. 사회 선생님은 졸고 있는 철수를 깨워 수업을 듣도록 하였습니다. 하지만 철수는 계속 잠을 잤고, 심지어 잠을 깨우는 선생님에게 짜증을 냈습니다. 사회 선생님은 학생의 태도가 불량하다고 생각해 학생을 꾸짖고 수업 준비를 잘해 오도록 지도하였습니다.

쉬는 시간이었습니다. 영수와 철수는 복도에서 씨름놀이를 했습니다. 지나가던 체육 선생님이 학생들에게 놀이를 그만두라고 얘기했지만, 선생님이 자리를 뜨자 아이들은 놀이를 계속했습니다. 그러다 실수로 영수 발에 걸려 넘어진 철수의 앞니가 부러지는 사고가 발생했습니다. 철수 어머니가 화가 나서 학교에 찾아왔습니다. 치아를 치료하는 데 많은 비용이 들기 때문에 철수 어머니는 영수가 책임을 져야 한다고 말했고, 영수 어머니는 학교와 담임 선생님이 책임을 져야 한다고 말했습니다.

책임 문제 분석표

검토내용	1번 사례	2번 사례	3번 사례	4번 사례
누구에게 책임이 있습니까?				
책임은 무엇입니까?				
누구에게 책임을 지우고 있습니까?				
책임의 근원은 무엇입니까?				
어떻게 책임이 부여되었나요?				
책임과 관련된 보상이나 벌은 무엇입니까?				

생활에 적용하기

1. 주변에서 은행원, 경찰관, 공무원, 법관, 의사, 교사, 정원사, 전화수리공으로 일하고 있는 사람 중 한 명을 인터뷰해 보세요. 그 분들 직업에서 가장 중요한 책임은 무엇인가요? 만약 그분들이 자신들의 책임을 다하지 않는다면 어떤 일이 일어날까요? 모인 정보를 활용해 '책임 문제 분석표'를 작성하고 친구들에게 설명해 보세요.

2. 책임을 다했을 때 받게 되는 보상과 책임을 다하지 못했을 때 받게 되는 벌을 이야기해 보세요.

PART II

책임에 따른 이익과 비용

119 구조대원들의 모습.
직장인으로서 하나의 업무를
담당하고 책임진다는 것은
무엇일까요? 책임에는 항상
이익과 비용이 따릅니다.

자신이 맡은 책임을 다하면 많은 결과들이 나타납니다. 이익이 날 수도 있고 비용이 발생할 수도 있습니다. Part I 에서는 맡은 바 책임을 다했을 때, 개인에게 다양한 형태의 이익이 생길 수 있다는 것을 배웠습니다. 보상은 이러한 이익의 한 형태입니다. 그러나 책임을 다했을 때 이익만 생기는 것은 아닙니다. 때로 책임을 다하기 위해서는 비용을 지불해야 하거나 불이익을 감수해야 합니다. 예를들어 직장인으로서 하나의 업무를 담당하고 책임진다는 것은 그 일 때문에 다른 시간이 줄어드는 '비용' 이나 '불이익' 을 필연적으로 감내해야 한다는 것을 의미합니다. Part II 에서는 책임을 수행할 때 지불하게 되는 비용과 이익을 모두 살펴봅니다. 특정한 책임을 맡을지의 여부를 결정하기 위해서는 책임을 수행하는 데 들어가는 이익과 비용을 명확히 따져 봐야 합니다. 또, 여러 가지 책임 중에서 다른 책임보다 더 중요한지 여부를 결정할 때도 이익과 비용을 충분히 고려해야 합니다.

04.
책임을
다했을 때의
결과

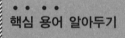

책임을 다했을 때 생기는 이익과 비용을 빠르고 정확하게 파악하는 법을 배웁니다. 책임 완수에 따르는 일반적인 이익과 비용에 대해서 알아보고 설명해 봅시다. 마찬가지로 특정한 상황에 대한 이익과 비용에 대해서도 이야기할 수 있어야 합니다.

핵심 용어 알아두기

• **이익**: 물질적으로나 정신적으로 보탬이 되는 것.

• **안전**: 위험이 생기거나 사고가 날 염려가 없음.

• **분노**: 몹시 분하게 여겨 매우 화를 내는 것.

책임에 따른 이익과 비용

맡은 바 책임을 다하면 많은 이익이 발생합니다. 다른 사람은 물론 자기 자신에게 이익이 따릅니다.

★ 다른 사람들에게 이익이 되는 것

① 기대: 자신의 맡은 바 책임을 다했을 때 사람들은 '책임감이 있다'고 생각합니다.

② 안전: 각각의 사람이 모두 자기 자리에서 맡은 바 책임을 다한다는 것을 알았을 때, 누구나 '안전하다'고 느낍니다.

③ 능률: 각자가 자신의 책임을 다하면 일의 능률이 높아져 작업이 더 빨리,

쉽게 끝납니다.

④ 공정: 각각 똑같이 할당된 자기 몫의 책임을 다하면, 추가로 더 일하는 사람이 없습니다.

⑤ 공동체 정신: 모임의 구성원들이 각자 맡은 바 책임을 다하면, 모임에 대한 자부심과 공동체 정신이 크게 함양됩니다.

★ 책임을 맡은 사람에게 이익이 되는 것

① 독립심: 책임감이 강하다고 인정받은 사람은 신뢰받기 때문에, 감시나 지도를 덜 받고 더 자유롭게 일할 수 있습니다.

② 자아존중감: 맡은 바 책임을 다한 사람은 자신의 능력에 대해 확신과 자신감이 있습니다.

③ 수용적이고 믿음직함: 책임감 있는 사람은 수용적이며 어떤 것이든 받아들이려고 합니다. 그래서 다른 사람들, 특히 그 사람을 의지했던 사람에게 칭찬을 받습니다.

④ 지식, 기술, 경험의 획득: 책임을 다한 사람은 다양한 경험과 지식, 기술을 얻을 수 있습니다.

⑤ 인지도와 지위, 보수의 상승: 책임을 다한 사람은 명예와 상, 새로운 지위와 기회, 더 많은 보수를 받을 수 있는 기회를 얻을 수 있습니다.

★ 책임을 다하는 데 필요한 비용

① 부담: 책임을 다하기 위해서는 시간과 노력, 돈이 요구됩니다.

② 다른 흥미를 포기함: 어떤 책임을 맡게 되면 다른 흥미나 요구 사항을 제쳐 두어야 합니다. 예를 들어서 가족이나 친구와 함께 하는 시간이 줄어들고, 편하게 휴식을 취할 수 있는 시간이 줄어듭니다.

③ 분노, 짜증: 사람들은 원하지 않은 일을 해야 할 때 분노하거나 짜증을 냅니다.

④ 실패에 대한 두려움: 사람들은 책임을 다하지 못할 수도 있다는 두려움과 일을 잘하지 못하면 벌을 받을 수 있다는 두려움을 느낍니다.

⑤ 불공정함: 업무 책임이 한 사람에게 집중되면, 나머지 사람들은 일을 공정하게 나누어 맡거나 자신의 일에 최선을 다하지 않는 경향이 있습니다.

아래는 119 구조대원과 책임에 관한 이야기입니다. 잘 읽고 물음에 답한 후 친구들과 토론해 보세요.

여성 구조대원 B씨는 지난 한 달간 나라를 위해서 열심히 일했습니다. 매일 아침 9시 B씨는 해변의 더운 모래 위에 있는 5m 높이 탑을 올라갔습니다. 그때마다 B씨는 약간 마음을 졸였습니다. 연습훈련을 잘 받았지만 '까다로운 구조 요청이 들어오면 어쩌나', '실제로 구조를 잘해 낼 수 있을까' 걱정스러웠기 때문입니다.

하지만 B씨는 구조대원의 일이 좋았습니다. 하루 종일 밖에 있는 것도 즐거웠고, 많은 사람들의 생명을 보호하기 때문에 보람을 느꼈습니다. 동료 구조대원과 감독관도 B씨가 일을 잘하고 있다고 말했습니다. B씨가 일을 잘하는지의 여부는 사실 매우 중요한 일입니다. 그녀가 일을 제대로 하느냐 아니냐의 문제는 곧 위험에 빠진 사람들이 죽느냐 사느냐 하는 문제가 되기 때문입니다.

물론, B씨도 구조대원이라는 자신의 일이 싫을 때가 있었습니다. 해변이 사람으로 꽉 차거나 모래 위에 누워 있는 다른 사람들처럼 모래 위에 누워있거나 수영을 하고 싶은 날이면 더욱 그랬습니다. 그런 생각이 들 때마다 B씨는 구조대원이 되기 위해 열심히 노력했던 1년 전을 떠올렸습니다.

1년 전 선배 구조대원은 자기 대신 보조원도 세워 놓지 않고, 잠시 탑을 비웠습니다. 그런데 구조대원이 잠시 자리를 비운 사이 한 어린아이가 수영을 하다가 곤경에 빠졌고, 누군가의 구원의 손길이 미치기 전에 익사했습니다. 이 일로 선배 구조대원은 정신적으로 큰 충격을 받았으며 극심한 죄책감으로 고통스러워하다 결국 해고되었습니다. 소녀의 가족들은 나라에 '구조대원의 부주의로 인한 손해배상 청구'를 신청했습니다.

? 1. 구조대원으로서 B씨의 책임은 무엇입니까?

2. B씨가 구조원으로서 책임을 다했을 때, 어떤 결과들이 일어날까요?

3. 위의 결과들 중에서 이익은 무엇이고 비용은 무엇인가요?

1. 내가 맡고 있는 책임에는 어떤 것들이 있나요? 간략하게 책임을 설명하고, 책임을 다했을 때의 결과는 어떨지 이익과 비용의 측면에서 말해 보세요. 책임에 따른 이익과 비용을 생각해 보는 것은 어떤 점에서, 책임을 맡을지 말지의 여부를 결정하는 데 도움이 되나요?

2. 여러분은 어떤 직업에 관심이 있나요? 여러분이 관심 있어 하는 직업을 가진 분들을 찾아 다음과 같은 질문으로 인터뷰해 보세요.

   • 직업에서 중요한 책임은 무엇이 있나요?

   • 직업상의 책임을 다했을 때, 결과는 어떤가요?

   • 직업상의 책임을 다하지 않았을 때, 결과는 어떤가요?

   • 책임을 다한 결과로서 이익이나 비용은 각각 어떤가요?

   • 중요도에 따라 이익과 비용의 순위는 어떤가요?

05.
책임의 이익과
비용 따져 보기

핵심 용어 알아두기

• 공청회: 국회나 행정 기관에서 일의 관련자에게 의견을 들어 보는 공개적인 모임.

제2의 롯데월드 건설에 대한 공청회를 열고 역할극을 해 봅시다. 입장에 따라 사람들의 생각은 다양합니다. 각기 입장들을 평가하고 자기 입장을 고수할 때 따르는 이익과 비용을 따져 봅시다.

이익과 비용에 대한 기준은 상대적인 것

책임에는 항상 이익과 비용이 모두 발생하지만, 무엇이 이익이고 무엇이 비용인지에 대한 사람들의 생각은 저마다 다릅니다. 이익과 비용에 대한 사람들의 생각 차이는 어떤 일의 책임을 맡을지 말지 결정하는 데 무척 중요합니다.

이익과 비용은 상대적인 개념이지 절대적인 개념이 아닙니다. 자기가 처한 상황과 입장에 따라서 현저하게 달라집니다. 각각 입장에 따른 책임과 이익, 비용을 알아봅시다.

다음 글을 읽고 제2의 롯데월드 건설에 따른 모의 공청회를 열어 보세요.

1998년 서울 송파구청은 롯데그룹에 36층 높이 빌딩 건축을 허가했습니다. 그런데 2004년 롯데가 지상 112층 지하 5층 규모로 변경하겠다는 계획을 해당 관청에 제출하면서 문제가 불거졌습니다. 애당초 정부는 이 계획을 검토하면서 안보 및 기술상의 문제가 발생할 우려가 있어 건축을 허용하지 않는다고 밝혔습니다. 하지만 시간이 흐르자 롯데 측에서는 또다시 초고층 빌딩을 짓겠다며 구조변경안을 내놓았습니다.

때마침 정권이 바뀌면서 정부의 입장도 바뀌었습니다. 군사기지의 활주로 각도를 바꾸는 것 등을 해결책으로 제시하고 제2의 롯데월드 건설을 허용했습니다. 제2의 롯데월드 건설 허가를 둘러싼 정부의 이러한 입장 변화는 많은 논란을 일으켰습니다.

제2의 롯데월드 건설을 찬성하는 사람들은 일자리 창출과 지역경제 활성화, 세계적 관광지로서 송파구의 성장 등의 효과를 주장합니다. 특히 침체된 경제를 살리는 데 크게 공헌하며 많은 이익을 창출할 거라고 말합니다.

반대하는 사람들은 성남비행장에서 출발하는 비행기의 안전문제, 교통대란, 성남시 45m 고도제한 등의 형평성을 얘기합니다. 특히 성남비행장은 제2의 롯데월드 건설 확정시 활주로 각도가 변경되거나 장비 보강이 이루어져야 하며, 어쩌면 비행장 전체가 이전하게 될 수도 있습니다.

모든 신문은 제2의 롯데월드 건설에 대한 이야기를 실었고, 이는 큰 이슈가 되었습니다. 이

서울 잠실에 들어설 제2의 롯데월드 예상 조감도.

제2의 롯데월드 신축 공청회 모습. 2009년 2월 3일 국회 국방위원회에서 관련 분야의 학자·전문가들이 의견을 나누고 있다.

공청회

날짜: ○○월 ○○일

시간: 오전 ○○시

장소: 국회 국방위 회의실

국방위원회는 제2의 롯데월드 건설에 대한 전문가들의 의견을 듣고자 합니다.

의제

1. 국방부의 개회사(2분)

2. 관련 그룹들의 의견 발표(각3분)
   • 롯데월드관계자
   • 현 공군관계자
   • 항공 및 기계 공학 분야 전문가
   • 국방정책 전문가

3. 열린 모임: 질문과 답변(10분)

4. 위원회 구성원들과 국방부 대표의 폐회사(3분)

5. 휴회

사건에 대해 사람들은 저마다 찬성하기도 하고 반대하기도 하였습니다. 2009년 2월 3일 국회 국방위 회의실에서는 "제2의 롯데월드 신축 관련 공청회"가 열렸습니다. 관련 분야의 학자들과 전문가들이 찬반으로 나뉘어 의견을 나누었습니다.

공청회 준비와 진행

일반 시민들은 공청회에 참여해서 여러 가지 의견을 발표하거나 정보를 제시할 수 있습니다. 국가 및 지방자치단체의 법률안이나 중요한 안건에 관해 해당 분야의 전문가에게 의사를 표명할 수도 있고, 의사를 결정하는 데 지대한 영향을 미칠 수도 있습니다.

제2의 롯데월드 건설에 관한 문제로 공청회를 열고 진행해 봅시다. 한 학급은 먼저 다섯 모둠으로 나눠야 합니다. 한 그룹은 중요 안건을 제안하는 국방위원회이고, 나머지 네 모둠은 관련된 전문가 조직들을 대표합니다.

이 공청회의 주요한 목적은 '제2의 롯데월드 건설' 허가에 대해 전문가들의 견해를 듣고, 의사 결정에 반영하는 것입니다. 국방부 관계자는 위원회의 의장으로서 역할을 하게 됩니다. 각각 모둠의 구성원들은 제안된 안건에 찬성이나 반대 의견을 가져야 합니다. 또, 안건에 근본적인 변화가 필요하다고 생각되면 이를 제안할 수도 있습니다.

각 모둠의 대표자들과 회의를 이끌어 갈 의장,

회의 내용 기록자를 선출하고 모의 공청회를 진행해 봅시다. 모둠의 모든 구성원들의 안건 발의자의 질문에 대답할 준비를 하고 있어야 합니다. 다음 질문에 대해 깊이 생각해 보세요.

모둠 1. 국방위원회

국방위원회 입장을 맡은 모둠 1에서는 다른 모둠의 구성원들이 어떤 생각을 하는지, 다양한 정보를 얻는 것이 중요합니다. 위원회의 구성원들은 각 모둠의 대표자들에게 어떤 질문을 할 것인지 목록을 작성하고, 여러 가지 정보를 바탕으로 해당 안건을 그대로 수용해 지지할 것인지 아니면 반대할 것인지 생각해 보세요. 또한, 위원회의 모든 구성원은 국방부 대표가 개회 발언하는 것을 도와주어야 합니다.

모둠 2. 롯데월드관계자

해당 안건의 직접적인 이해관계자 집단인 모둠 2는 적극적으로 찬성을 주장해야 합니다. 제2의 롯데월드 건설이 시민들에게 어떤 이익을 주는지 구체적으로 설명해 보세요. 회의 참가자들에게 롯데월드 개발·유지에 들어가는 비용보다 이익이 더 크다는 사실을 납득시켜야 합니다.

모둠 3. 현 공군관계자

이 모둠에서는 해당 안건을 찬성합니다. 초기에 여러분 그룹은 공군 비행기의 안전과 국방상의 문제로 해당 안건에 반대를 하였으나 롯데월드 측이 활주로 변경 비용을 전액 부담하겠다고 나서자 반대할 이유가 없어졌다고 생각합니다. 활주로 각도를 변경하고 필요한 장비를 갖추면 안전상의 문제가 없다고 생각하고, 롯데월드 측의 민원 제기를 받아들일 수 있다고 생각합니다. 때문에 여러분 그룹은 활주로 각도 변경 및 장비구입이 안전문제를 해결한다는 것을 설명하는 데 주력해야 합니다.

모둠 4. 항공 및 기계 공학 분야 전문가

여러분 모둠은 해당 안건에 반대합니다. 555m의 초고층 건물을 설치하는 것은 조

종사들의 안전에 심각한 위협이 된다는 전문가적인 견해를 가지고 있기 때문입니다. 여러분은 제2의 롯데월드 건설이 어떤 항공 사고의 위험을 가지고 있는지 사례를 들어 제시할 수 있습니다.

모둠 5. 국방정책 전문가

이 모둠에서는 해당 안건을 반대합니다. 민간 기업의 이익을 위해 국가안보상 중요한 국방 시설을 변경한다는 것은 말도 안 되는 일이라고 강력히 주장합니다. 국가안보가 민간 기업의 이익이나 한 도시의 경제발전보다 더 중요하다는 것을 설명해야 합니다. 다른 나라의 사례를 이용하는 것도 좋은 설명 방법이 될 수 있습니다.

1. 해당 안건이 통과되면, 정부는 어떤 책임을 맡게 되나요?

2. 이러한 책임들을 정부가 맡게 되었을 때, 예상되는 결과는 무엇인가요?

3. 여러 가지 결과 중에서 각각 이익과 비용은 무엇인가요?

4. 여러분이 속한 모둠에서는 어떤 이익과 비용이 가장 중요한가요? 그 이유를 말해 보세요.

5. 모둠별로 이 법률안에 찬성하는지, 반대하는지 여부를 말해 보세요. 혹시 근본적인 변화가 필요하다고 생각되면 그 내용을 제안하고 이유를 말해 보세요.

생활에 적용하기

1. 지방의회의 공청회 담당자를 통해 공청회와 공청회의 이점에 대해 알아보세요. 정부에 있는 사람들은 의사를 결정할 때, 다양한 제안 및 정책들의 이익과 비용을 어떻게 검토하나요? 공청회 담당자가 맡고 있는 중요한 책임이 무엇인지도 알아봅시다.

2. 대한민국의 대통령이 최선을 다해 수행해야 할 책임을 최소한 3가지 정도 들고, 그 책임으로 인한 이익과 비용을 따져 보세요. 모둠별로 작성한 목록을 발표하여 친구들과 공유하도록 합니다.

3. 실제로 여러분의 지역 사회에서 열리는 공청회에 참가해 보세요. 책임과 관련된 이슈가 뭔지 알아보고, 반 친구들과 함께 토론해 보세요.

PART Ⅲ

책임 충돌과 선택

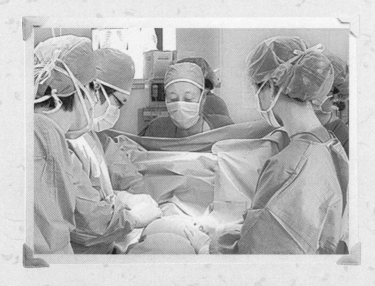

의사들이 수술하는 장면.
의사는 환자의 생명을 위해
최선을 다해야 하는
책임이 있습니다.

우리가 추구하고 따라야 할 책임, 가치, 이익은 무엇일까요? 이러한 것들이 무엇인지, 복잡다단한 현실에서 도리에 맞게 판단하고 행동에 옮기기란 결코 쉽지 않습니다. Part Ⅲ에서는 책임, 가치, 이익이 충돌할 때 어떤 선택을 해야 하는지 알아봅니다. 우선 어떤 책임, 가치, 이익이 충돌하고 있는지 살펴보세요. 충돌하는 지점을 정확히 찾아야 합리적인 판단을 내릴 수 있습니다. 충돌하고 있는 책임, 가치, 이익이 발견되면 우선순위를 매겨야 합니다. 한 번에 둘 이상의 책임, 가치, 이익을 모두 이행하기란 어렵기 때문입니다. 어느 것이 더 중요한지 선택하세요. 책임의 우선순위에 따라 다른 가치나 이익을 더 많이 희생해야 할 수도 있고, 어떤 경우에는 책임을 이행하지 못하게 될 수도 있습니다.

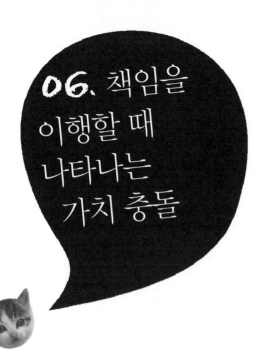

06. 책임을 이행할 때 나타나는 가치 충돌

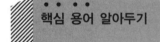

• **이익**: 물질적으로나 정신적으로 보탬이 되는 것.

• **가치**: 사물이 지니고 있는 쓸모

여러 가지 책임, 가치, 이익이 충돌할 때의 선택

현실에는 우리가 이행해야 할 다양한 책임들이 있습니다. 그 중에서 어떤 책임을 우선적으로 선택하고 이행해야 할까요? 둘 이상의 책임을 동시에 모두 이행하는 방법은 거의 없습니다. 책임과 가치, 이익들이 서로 충돌할 때 어느 것 한 가지를 선택하고 이행하는 것도 쉬운 일은 아닙니다. 모든 선택에는 결핍과 대가가 따르기 때문입니다.

다른 어떤 것보다 우선적으로 책임을 이행하기로 결정했기 때문에 그로 인해 다른 가치나 이익을 더 많이 희생해야 할 수도 있습니다. 또 어떤 경우에는 다른 가치나 이익이 자신에게 더 중요하기 때문에 책임을 이행하지 못하는 결정을 내릴 수도 있습니다.

이익은 물질적으로나 정신적으로 보탬이 되는 것, 누구나 원하는 어떤 것을 말하며, 가치는 보람 있고 매우 중요해서 달성하기 위해 노력해야만 하는 것을 말합니다. 공평함이나 친절, 용기, 정직, 충의, 우정, 프라이버시, 자유, 정의 등이 바로 '가치' 에 해당하는 것들입니다.

생각 넓히기 │ 책임, 가치, 이익의 대충돌

다음의 이야기를 읽고, 물음에 답해 봅시다.

◎ 동훈이는 이번 주 금요일까지 수행평가 보고서를 제출해야 합니다. 하지만 학생회와 동아리 활동으로 바쁘게 지내다 보니 어느덧 목요일이 되었습니다. 대개 보고서를 하나 작성하기 위해서는 전산실과 도서관을 수시로 왔다 갔다 해야 합니다. 참고할 자료 때문입니다. 동훈이는 금요일에 제출해야 하는 수행평가 보고서를 서둘러 작성하려고 했습니다. 그런데 풍물동아리 회장인 다빈이가 오늘 오후에 공연 연습이 있다고 알려 왔습니다. 동훈이는 어떻게 해야 할까요? 동훈이는 풍물동아리 상쇠이기 때문에 공연 연습을 이끌어야 할 책임이 있습니다.

◎ 기숙사 학교에 다니는 용헌이는 목요일 저녁 7시, 영화동아리가 주최하는 기숙사 내 영화 상영을 위해 학교에서 노트북 이용하는 것을 허락받았습니다. 학교 규칙에 따르면, 노트북은 원래 공공의 목적에 맞을 때만 사용할 수 있습니다. 하지만 절친한 친구인 원범이가 용헌에게 간절히 부탁을 해 왔습니다. 과제 제출 때문에 봐야 할 영화가 있으니, 전체 영화 상영 후 자신에게 노트북을 빌려 달라는 것이었습니다. 용헌이는 어떻게 해야 할까요? 용헌이는 학교 규칙을 지켜야 할 책임과 친구를 도와줘야 할 책임이 있으며, 원범이는 내일까지 과제를 제출해야 하고 기숙사에는 영화를 볼 수 있는 기구가 하나도 없습니다.

1. 동훈이와 용헌이는 각각 어떠한 책임이 있다고 생각합니까?

2. 각각 어떠한 책임이 충돌하고 있습니까?

3. 여러분의 생각은 어떻습니까? 어떤 결정을 내려야 한다고 생각하며, 그 이유는 무엇입니까?

1. 자신이나 주위 사람들이 책임 충돌에 직면했던 경험을 이야기해 보세요. 그때 어떤 결정을 내렸고 그 이유는 무엇인지, 선택의 결과는 어떠했는지 설명해 봅시다.

2. 다음은 실제 사례입니다. 각각의 인물이 어떤 책임, 가치, 이익에 충돌해 있는지 조사해봅시다.

> • 무하마드 알리는 세계 헤비급 권투 챔피언을 세 차례나 지냈던 선수입니다. 알리는 베트남 전쟁 때 징병되자 "베트콩과 싸우느니 흑인을 억압하는 세상과 싸우겠다"는 말을 남기며 징병을 거부하였습니다.
>
> • 1980년 5월 광주시민들은 무고한 시민들을 무차별적으로 살상하는 계엄군에 대항하고, 자신들의 생명을 보호하기 위해 무장을 해야 한다고 생각했습니다. 때문에 경찰서와 예비군 무기고를 털어 무장하였습니다.
>
> • 제2차 세계대전이 끝날 무렵, 미국의 과학자들은 원자폭탄을 발명했습니다. 총사령관인 트루먼 대통령은 일본의 항복을 얻어내기 위해 폭탄을 사용할 것인지 말 것인지 결정해야 했습니다.

3. 여러분이 위와 같은 상황에 처했다면 어떤 결정을 했을지 생각해 보고, 그 이유를 말해 보세요.

07. 책임의 우선순위

여러 가지 책임 중에서 무엇을 선택하고 실행해야 할지 결정할 때 유용한 몇 가지 지적 도구를 소개합니다.

책임을 선택할 때 고려해야 할 6가지

여러분은 지금까지 책임을 파악하고 이행했을 때 발생하는 보답과 이익, 책임을 이행하지 못했을 때 따라오는 벌과 비용에 대해 살펴보았습니다. 이제는 책임을 선택하고 결정할 때 도움이 되는 6가지 지적 도구에 대해 알아봅니다. 6개의 질문으로 이루어진 각각의 지적 도구들은 특별한 책임을 이행할 것인지 말 것인지 결정할 때 도움이 됩니다.

① 긴급 : 책임 충돌 상황에서 어느 한 가지를 선택할 때는 어떤 책임이 더 긴급한 것인지 살펴야 합니다.

핵심 용어 알아두기

• 자원 : 인간 생활 및 경제 생산에 이용되는 원료.

• 타협 : 어떤 일을 서로 양보하여 협의함.

• 상대적 중요성 : 서로 비교해서 중요성을 따지는 것.

사례: 늦은 저녁 책상 앞에 앉은 한결이는 시간표를 보고 퍼뜩 놀라며 생각했습니다. '이런, 오늘 꼭 해야 할 일이 2가지나 되잖아! 내일 사회 수업 시간에 토론을 한다니까 책도 읽어야 하고…… 학교 소식지에 실릴 원고도 써내야 하고……. 아휴, 이걸 언제 다하지? 대체 뭐부터 해야 할지 모르겠군.'

어떤 책임이 더 긴급하다고 생각하며, 그 이유는 무엇입니까?

② 상대적 중요성: 다른 것들과 비교한 각각의 책임이 얼마나 중요할지 생각해야 합니다.

사례: 이튿날 한결이가 자전거를 타고 학교에서 집으로 가는 중이었습니다. 한결이는 자전거 페달을 힘차게 밟으며 모퉁이에 있는 가겟집 행복마트를 돌았습니다. 그 순간 한결이는 깜짝 놀랐습니다. 바로 앞에 2살짜리 호준이가 아장아장 걷고 있었기 때문입니다. 속력을 내며 달리던 한결이는 재빨리 자전거 머리를 행복마트 쪽으로 틀었습니다.

어떤 책임이 가장 중요한지 생각해 보세요. 호준이와 충돌을 피하는 것과 행복마트의 기물을 파손하는 것 중에서 더 큰 책임이 따르는 것은 무엇인가요?

③ 필요한 시간: 책임을 이행하는 데 필요한 시간은 (책임 이행을) 결심할 때 중요하게 고려되어야 합니다.

사례: 한결이는 '끝내조' 피자점의 구인광고를 보고, 매니저에게 근무시간이 얼마나 되냐고 물었습니다. 매니저는 "우리는 평일 저녁 오후 4시에서 10시까지 일할 사람이 필요해요"라고 말했습니다. 한결이는 학생이라서 공부를 해야 하기 때문에 오후 4시부터 7시까지 근무하고, 나머지는 다른 사람을 구하면 어떻겠냐고 제안했습니다. 매니저는 "그건, 좀 힘들겠구나"라고 대답했습니다.

일에 대한 책임을 이행하기 위해서는 몇 시간이 필요합니까? 한결이에게 왜 문제가 될까요?

④ **이용할 수 있는 자원**: 책임 이행은 돈, 장비, 신체적 힘, 또는 특별한 기술과 같은 어떤 자원을 필요로 합니다. 여러분이 책임을 선택하고 결정할 때는 자신이 책임 이행에 꼭 필요한 자원을 가지고 있는지를 아는 것이 매우 중요합니다.

사례: '끝내조' 피자점의 매니저는 한결이에게 "우리 가게는 저녁 때 피자를 배달할 사람이 필요해요. 학생, 차가 있나요?"라고 물었습니다. 한결이는 "아니요. 제가 아직 운전면허증을 딸 수 있는 나이가 아니라서요"라고 대답했습니다.

한결이에게 부족한 자원은 무엇이며, 이는 책임을 맡는 데 어떤 영향을 미쳤나요?

⑤ **가치와 이익의 충돌**: 책임 이행 여부를 결정할 때, 나에게 어떤 이익과 가치가 있는지 살펴야 합니다.

사례: 한결이는 결국 '맛좋아' 피자 가게에서 일자리를 얻었습니다. 손님에게 주문을 받고, 테이블을 치우는 웨이터 일이 주업무였습니다. 어느 날 한결이가 일하는 피자집으로 친구 새봄이가 들어왔습니다. 새봄이는 "한결아, 외상 되니? 내가 지금 너무 배가 고픈데 돈이 하나도 없거든. 네가 일하는 곳이니까, 외상으로 하나 줘. 내일 갚을게"라며 치즈 피자를 주문했습니다.

한결이의 업무적 책임과 충돌하고 있는 이익, 가치는 무엇입니까? 한결이는 어떻게 대처해야 할까요? 그렇게 생각한 이유를 말해 보세요.

⑥ **또 다른 해법(대안적인 해법)이나 타협**: 책임과 가치, 이익이 충돌할 때 어느 것 한 가지를 선택하고 결정하기란 쉽지 않습니다. 어떤 것도 선택할 수 없고 좋은 해결책이 되지 않을 때는, 타협안이나 제3의 해법은 없는지 생각해야 합니다.

사례 : 한결이는 "새봄아 미안한데, 외상은 안 돼. 금전등록기의 돈과 영수증, 주문서가 딱 맞아떨어져야 되거든. 대신 내가 돈을 빌려 주면 어떨까? 우선, 이걸로 계산하고, 내일 네가 갚으면 어때?'라고 말했습니다. 새봄이는 환하게 웃으며 "고마워, 한결아! 역시 넌 내 친구야"라고 말했습니다.

한결이의 제안은 무엇인가요? 문제를 해결한 한결이의 방법은 어떤지, 또 다른 해법은 있는지 생각해 보세요.

실제 상황에서 책임 간에 우선순위를 정하고 선택, 결정하기란 정말 쉽지 않습니다. 또, 우선순위에 따라 책임을 선택할 때 6가지 중에서 두서너 가지 요소만 해당하는 경우도 허다합니다. 그러나 개개의 상황에서 어떤 요소가 적용되고 적용되지 않는가를 따지는 것은 중요하지 않습니다. 언제나 6가지 모두를 고려한다는 사실 자체가 중요합니다.

생각 넓히기 ● 내가 가장 중요하게 생각하는 가치와 이익, 책임은 뭘까?

2000년 7월 서울 용산 미 8군 영안실에서 '포름알데히드'라는 독극물을 기지 내 하수구를 통해 한강에 방류했다. 원칙적으로 이 독극물은 처리 시설이 있는 일본 오키나와 기지로 이송해 처리해야 하는데, 편의상 그냥 하수구로 흘려보낸 것이다. 이 사실을 알게 된 미국인 군무원 Y씨는 이것을 제보해야 할지 망설였다.

포름알데히드는 심각한 환경오염을 일으키고 인체에도 몹시 해롭기 때문에 서둘러 이를 막아야 한다. 하지만 제보해서 미군 측이 알게 되면 Y씨는 재고용되지 않을 것이고, 재고용이 안 되면 생계가 막막해진다. 게다가 미국 사람인 Y씨가 미국 군대를 고발해야 한다는 사실도 마음에 걸린다. 어떻게 해야 할까? Y씨는 고민에 빠졌다.

1. Y씨 입장에서 생각한 후 다음과 같은 지적 도구표를 완성해 보세요. 다른 친구들의 의견을 듣고 자신의 생각과 비교해 보세요.

난 어떻게 하지?	
왜?	

2. 책임에 대한 나의 결정은 곧 나의 생각을 보여 주는 거울입니다. '내가 어떤 가치나 책임을 가장 중요하게 생각하는지'가 고스란히 드러나기 때문입니다. 위 글에서 그러한 책임은 무엇입니까?

3. 같은 정보를 고려했음에도 사람마다 다른 결론에 이르렀다면 이유는 무엇입니까?

실제 이야기: 주한 미군의 독극물 한강 방류

2007년 7월, 녹색연합은 기자회견을 통해 "용산 미 8군 영안실에서 '포름알데히드'라는 독극물을 기지 내 하수구를 통해 한강에 방류했다"고 발표했다. 미군 부대에 근무하는 군무원이 제보한 것이었다.

사건 초기에 미군 측은 강력히 부인했지만, 증인이 있고 사실이 명백해지자 시인을 하게 됐다. 그런데 정말 어이없는 것은 미군이 잘못을 시인하면서 밝힌 "포름알데히드의 양이 너무 적어 환경에 미치는 영향은 미미하다"는 주장이다. 이에 우리 국민들은 몹시 분노했고, 이 같은 감정은 미군 철수 요구 시위나 반미 감정으로 급속히 확대되었다.

사건이 커지자 미군은 우리 국민에게 재발방지를 약속했다. 하지만 해당 사실을 제보한 군무원은 고용 재계약이 되지 않았다. 2006년 한국영화 역사상 최대의 흥행을 몰고 온 영화 '괴물'의 소재도 여기에서 시작됐다.

독극물인 포르말린 폐용액을 버리고 있는 모습 (위)과 이를 지시한 맥팔랜드 전 미 8군 영안소 부소장(아래). 맥팔랜드는 5년간 재판을 미루다 결국 재판을 받았고, 징역 6개월에 집행유예 2년을 선고받았다.

생활에 적용하기

1. 신문이나 잡지를 읽고 사람들이 직면한 책임, 가치, 이익의 충돌 상황을 확인한 후, 자신이 찾은 것을 친구들에게 발표해 봅시다.

2. 학급을 모둠별로 나누어 책임, 가치, 이익이 충돌하는 여러 가지 상황을 설정한 후, 그 같은 상황에 직면한 인물이 문제를 어떻게 헤쳐 나가는지 연극으로 시연해 보고 다음과 같은 지적 도구표를 완성해 봅시다.

책임 사이에서 결정 내리기 위한 지적 도구표

유의 : 때로 7, 9, 10, 11번 문항은 해결하고자 하는 상황에 적용하지 못할 수 있습니다. 이러한 경우 표 안에 '해당 없음' 이라고 쓰세요.

	책임 1	책임 2
1. 나의 책임은 무엇입니까?		
2. 그것들의 자원은 무엇입니까?		
3. 이행할 때 보답은 무엇입니까?		
4. 이행하지 않을 때 벌은 무엇입니까?		
5. 이행할 때 이익은 무엇입니까?		
6. 이행할 때 드는 비용은 무엇입니까?		
9. 이행할 때 필요한 시간은 얼마나 될까요?		
10. 자신이 필요로 하는 자원이 무엇입니까?		
11. 필연적으로 포함하는 다른 가치, 이익은 무엇입니까?		
12. 다른 가능한 해법은 무엇입니까?		

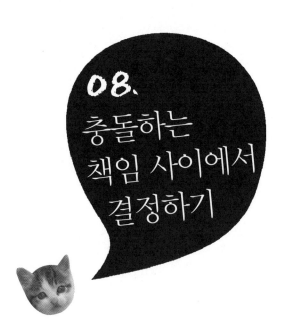

08.
충돌하는 책임 사이에서 결정하기

일상생활에서 자주 겪게 되는 책임 충돌 상황에서 어떤 선택과 결정을 해야 할지 알아봅시다.

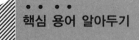

핵심 용어 알아두기

• **딜레마**: 선택해야 할 길은 두 가지 중 하나로 정해져 있는데, 그 어느 쪽을 선택해도 바람직하지 못한 결과가 나오게 되는 곤란한 상황.

• **히포크라테스 선서**: 히포크라테스가 말한 의료의 윤리적 지침으로 의사가 될 때 하는 선서.

책임 충돌과 딜레마

둘 이상의 책임을 동시에 이행하기란 거의 불가능하며 여러 가지 책임은 서로 충돌하는 일이 많습니다. 이렇게 충돌하는 책임 사이에서 이러지도 저러지도 못하는 상황을 '딜레마'라고 부릅니다.

아, 고민돼 멀 선택하지…

다음 이야기를 읽고 어떤 책임이 서로 충돌하고 있는지 상황을 파악해 봅시다.

　　다른 의사들처럼 고민중 씨는 히포크라테스 선서를 했다. 고민중 씨는 병원에서 일할 때 항상 히포크라테스 선서를 떠올리며, 의사로서 맡은 바 책임에 최선을 다하려고 노력했다.

　　어느 날 밤 고민중 씨가 응급실에서 당직을 서고 있을 때였다. 교통사고 환자 K씨를 실은 구급차가 도착했다. 환자는 의식불명 상태였다. 고민중 씨는 급한 대로 K씨를 수술실로 옮겨 장시간 수술을 했고, 이후 K씨는 결국 의식을 회복했다. 하지만 스스로 숨을 쉴 수가 없어서 보조 장치를 달고 치료를 받아야 했다.

　　이에 사실을 뒤늦게 소식을 들은 환자 K씨의 부인이 부랴부랴 병원으로 달려왔다. 다행히 의식을 찾아 안도의 한숨을 쉬었다. 하지만 어렵게 사는 형편이라 치료비를 감당할 자신이 없었던 K씨의 부인은 병원 측에 퇴원을 시켜 달라고 강력히 요청했다. 담당 의사인 고민중 씨는 신중하게 대답했다.

　　"이 환자는 호흡 보조 장치를 제거하면 죽습니다. 병원에서 꼭 치료를 받으셔야 해요. 사정은 잘 알겠습니다만, 저는 의사로서 환자의 생명을 살리기 위해 최선을 다해야 하는 의무가 있습니다."

　　다시 K씨 부인이 말을 했다.

　　"의사가 환자 생명을 위해 최선을 다해야 한다는 것을 저도 잘 압니다. 하지만 선생님, 저희에게는 치료비가 없습니다. 그러니까 제발 퇴원시켜 주세요."

　　K씨 부인은 몇 번 되풀이했고 그때마다 고민중 씨는 안 된다고 거절했다. K씨 부인의 계속되는 요구에 담당 의사인 고민중 씨는 고민에 빠졌다.

책임 충돌 상황 파악하기

1. 이러한 상황에서 의사의 책임은 무엇입니까?	
2. 그러한 책임의 자원은 무엇입니까?	
3. 책임을 이행하기 위한 보답은 무엇입니까? 이행하지 않았을 때의 벌은 무엇입니까?	
4. 이행의 예상되는 결말은 어떤 것입니까? 이익은 어느 것이며, 비용은 어느 것입니까?	
5. 각각의 책임은 얼마나 긴급한 것입니까?	
6. 각각의 책임의 상대적 중요성은 무엇입니까?	
7. 각각의 책임을 이행하는 데 필요한 시간은 얼마큼입니까?	
8. 각각의 책임을 이행하는 데 필요한 자원은 무엇입니까?	
9. 이외에 어떤 다른 가치와 이익이 관련되어 있습니까?	
10. 어떤 또 다른 해법이 가능합니까?	
11. 여러분은 어떻게 생각합니까? 의사 고민중 씨는 어떻게 해야 합니까? 왜 그렇게 해야 합니까?	

실제 이야기 : 보라매병원 사건, 중환자 퇴원 허락과 의사의 책임

지난 2004년 대법원은 환자 가족들의 요청에 따라 중환자실에서 뇌출혈로 치료를 받던 환자를 퇴원시켜 사망에 이르게 했다며, 담당 의사 2명에게 살인방조죄로 각각 징역 1년 6개월에 집행유예 2년을 선고했다. '보라매병원 사건'이라고 불리는 이 사건의 전말은 다음과 같다.

1997년 12월 4일 김모씨(남, 58세)는 술에 취해 집에서 넘어졌다. 김씨는 집주인에게 발견되어 구급차로 보라매병원에 후송되었고, 그날 오후 7시부터 장장 7시간에 걸쳐 뇌수술을 받았다. 수술 후 환자는 계속 의식불명이었고 인공호흡기의 도움을 받아 호흡이 가능한 상태였다.

뒤늦게 수술 사실을 알게 된 김씨의 부인은 12월 5일 오후 담당 의사를 찾아가 경제적인 이유로 더 이상 치료할 수 없다며 퇴원을 요구했다. 담당 의사는 만류했지만 환자 측 보호자인 부인은 그날 밤 또다시 의사를 찾아가 퇴원을 요구했다. 도저히 더 이상의 병원비(당시 700만 원, 본인 부담금 250만 원)를 감당할 수 없다는 이유였다.

담당 의사는 "인공호흡기를 떼면 환자가 사망한다"며 계속해서 만류했지만, 환자 측 가족들은 퇴원을 강력히 요구했다. 이에 담당의는 자의 퇴원각서를 받고 환자를 퇴원시켰다. 환자는 병원구급차를 이용해 담당 의사의 지시에 따라 집으로 이송되었다. 당시 환자는 스스로 호흡하고 있었으나 충분하지 못했기 때문에 구급차 안에서 간이형 인공호흡으로 호흡을 유지했다. 하지만 집에 도착한 후 동행한 인턴의가 기도삽입관을 제거하자 환자는 얼마 지나지 않아 사망했다.

이에 서울지검 남부지청은 1998년 1월 10일 의사 3명과 환자 부인을 살인혐의로 기소하였고, 오랜 법정 공방 끝에 담당 의사 2명과 김씨의 부인은 살인방조죄로 형을 선고받았다.

참고: 「'존엄사' 첫 인정… 중환자 퇴원 허락 의사는?」, 『연합뉴스』 2008. 11. 28.

생활에 적용하기

1. 선생님과 함께 의사들을 인터뷰해 봅시다. 의사에게 책임 충돌에 직면하는 상황에 대해 설명을 부탁해 봅시다. 의사가 얻은 결론과 그 이유에 대해 설명을 부탁해 봅시다.

2. 누군가가 딜레마에 직면할 때를 생각해 봅시다. 그림으로 그려 보거나 짧은 보고서로 상황을 설명해 봅시다. 얻어진 결론의 이유를 설명해 봅시다.

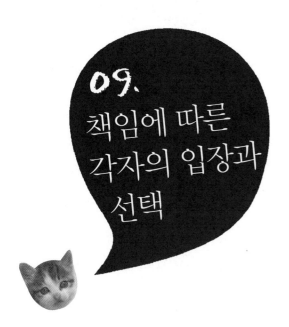

09. 책임에 따른 각자의 입장과 선택

입법자인 국회의원에게 특정한 책임을 이행하라고 설득하기 위한 모의 역할 토론을 해 보세요. 이를 통해 여러분은 책임, 가치, 이익이 충돌할 때 어떻게 해결해야 하는지 배울 수 있습니다. 또한 각자의 입장을 평가하고 선택하며, 방어하는 방법을 다룬 지적 도구들을 사용할 수 있습니다.

생각 넓히기 | '기업형슈퍼마켓(SSM)의 동네 진출 규제안'에 대한 입장 선택

● SSM(Super Supermarket) : 일명 기업형슈퍼마켓 이나 대형슈퍼마켓이라 불림. 홈플러스익스프레스(삼성테스코), 롯데슈퍼(롯데쇼핑), GS슈퍼마켓(GS리테일), 이마트 에브리데이 등 있음.

행복시 문해결 국회의원은 요즘 여러 단체의 주장을 듣느라고 매우 바쁩니다. 며칠 전 행복시 동네슈퍼연합과 재래시장연합회가 모여 기업형슈퍼마켓(SSM) 입점 예정지 앞에서 집회를 열었습니다. 문해결 의원이 찾아가자 그들은 이렇게 주장했습니다.

"SSM이 들어오면 동네슈퍼와 재래시장이 다 죽습니다. 옆 도시 사랑시에 SSM이 들어온 후 동네슈퍼 매출이 50~60%이상 줄었고 올해만 정육점, 채소가게, 제과점 등 5곳이 넘게 폐업을 했습니다. SSM에서 파는 품목과 겹치는 종목의 상점은

언제 폐점할지 모릅니다. 그리고 독과점으로 인해 오히려 소비자의 선택권이 좁아지고 중장기적으로는 가격도 높아지는 폐해가 발생할 수 있습니다. 현행 신고제인 법률을 허가제로 바꾸어 SSM 입점을 규제해야 동네슈퍼와 재래시장이 삽니다. 이 주장을 받아들이지 않으면, 우리는 받아들여질 때까지 계속해서 시위를 할 것입니다.”

대형유통업체 대표는 문해결 의원 사무실을 방문하여 이렇게 말했습니다.

“소비자를 먼저 생각해야 합니다. SSM 입점을 법률로 규제하면 쾌적한 환경 속에서 좋은 제품을 저렴하게 공급받을 수 있는 소비자의 권리를 박탈하는 겁니다. 더구나 SSM 입점으로 미용실, 식당 등의 주변상권이 활성화되어 오히려 지역경제를 살리는 효과도 있습니다.”

문 의원은 소비자와 시민단체 의견도 들어보기로 했습니다. 소비자인 주부 김○○씨는 SSM 입점을 반기며 이렇게 말했습니다.

“SSM에 가면 원스톱쇼핑(One Stop Shopping)을 할 수 있어요. 물건 값도 대체로 싸고 직원들도 매우 친절하죠. 게다가 카드도 사용할 수 있고 가까운 거리는 배달도 해 주어 매우 편리해요. 주차장이 있고 영업점이 깨끗해서 기분도 좋고 편안하구요. 들자니 어떤 방송사 설문조사에서 소비자 61.3%가 SSM 입점을 찬성했다고 하더군요.”

시민단체대표 정○○씨는 “소비자의 편리함은 좋으나 지역상권이 무너지는 것은 심히 우려됩니다. 매출이 급감하는 슈퍼는 폐점할 수밖에 없어요. 그럼 대체 이들의 생계는 누가 책임집니까? 독일은 이런 경우 10% 가이드라인을 적용하고 있습니다. 대형마트가 입점계획을 제출하면 인근 상권에 미치는 영향을 예측해, 중소업체 매출이 10%이상 감소할 것이 예상 될 때 대기업의 사업계획을 취소하는 것입니다. 우리도 이런 제도의 도입이 필요합니다.”

문해결 의원은 정부부처의 담당자를 만나 다음과 같은 이야기를 들었습니다.

“시장경제는 자율경쟁이고 자유무역 원칙에 어긋나 국제적 분쟁을 불러올 소지가 있습니다. 골목상권을 지키기 위해 규제를 강화하는 것은 괜찮지만 대기업에 대한 무리한 차별조항을 집어넣을 경우 헌법에 보장된 영업의 자유를 침해할

● 독과점 : 하나의 기업이 시장을 점유하고 있는 상태인 ‘독점’과 2개 이상의 기업이 시장을 장악하고 있는 ‘과점’을 합쳐서 일컫는 용어.

● 신고제 : 일정 요건만을 갖추면 행정청의 재량이 인정되지 않고 무조건 승인해 줘야 하는 제도.

● 허가제 : 법령이 정하는 요건을 갖춘 행위(사실행위 및 법률행위)일지라도 행정청에서 이를 심사하여 행위의 제재 여부를 가릴 수 있는 제도.

● 원스톱쇼핑(One Stop Shopping) : 소비자가 한 개의 점포 또는 상가 내에서 여러 종류의 상품을 일괄적으로 구매하는 것을 뜻함.

우려가 있습니다."

이 문제에 관심 있는 몇몇의 여야 동료의원들은 법률을 개정하거나 특별법을 신설할 것을 제안해야 한다며 큰 목소리를 냈습니다. 문해결 의원은 고민에 잠겼습니다. 그리고 자신의 책임에 대해 다시 생각해 보았습니다. 문 의원은 자신을 뽑아 주고 지지해 준 사람들과 행복시의 경제, 나아가 국민 전체에 이르기까지 수많은 사람과 사회에 큰 책임을 지고 있었습니다.

법개정이 되어 SSM이 규제를 받아 동네에 들어오지 못하면 소비자가 편리하게 쇼핑할 수 있는 권리를 잃게 됩니다. 그러나 SSM이 동네에 들어오면 동네슈퍼가 문을 닫아 많은 사람들이 일자리를 잃게 됩니다. 더구나 동네슈퍼 주인은 대부분 연로하거나 영세업자입니다. 이런 상황에서 문해결 의원은 어떤 결정을 해야 할까요? 이와 같이 여러 가지 이익과 가치, 책임이 충돌할 때 어떻게 해야 최선의 선택을 해서 만족스러운 결과를 얻을 수 있을까요?

1. 학급을 6개의 모둠으로 나누고 각 모둠별로 아래 집단의 입장을 대변해 봅시다. 그 중 한 모둠은 '문해결 의원과 보좌관'의 입장에서 찬성과 반대 의견을 들어보고, 각각 모둠의 판단과 선택에 도움이 되는 내용을 질문합니다.('충돌하는 책임 사이에서 판단하고 선택할 때 도움이 되는 지적 도구' 참고) 찬성, 반대 모둠에서는 충실히 답변을 해야 합니다.

• 동네슈퍼연합회 관계자	• 기업형대형마트(SSM) 관계자	• 시민단체
• 소비자(동네주민)	• 정부 담당 공무원	• 문해결 의원과 보좌관

2. '문해결 의원과 참모들'은 어떤 선택을 할지 최종 결정을 말해 봅니다. 모둠별로 돌아가며 역할을 바꾸어 맡아 보세요. 그리고 모둠별로 발표가 모두 끝난 후 자기만의 생각과 의견을 말해 보세요.

충돌하는 책임 사이에서 판단하고 선택할 때 도움이 되는 지적 도구

1. 당신이 주장하는 그룹에서는 문해결 의원이 어떤 책임을 이행하기를 원하는가?	
2. 책임을 이행하면 어떤 보상이 있는가?	
3. 책임을 회피하면 어떤 불이익이 있는가?	
4. 책임을 이행하는 데 필요한 자원은 무엇인가?	
5. 책임 이행의 이익은 무엇이 있는가?	
6. 책임 이행의 대가는 무엇이 있는가?	
7. 특정한 책임을 이행하는 것이 얼마나 중요한가?	
8. 책임 이행에 관계된 다른 관심사나 가치는 무엇인가?	
9. 또 다른 대안이나 타협, 해결은 있는가?	
10. 문해결 의원은 어떻게 해야 하는가? 그 이유는?	

1. 신문이나 잡지에서 시의원이나 국회의원 등 입법자가 책임 충돌 상황에 직면하고, 결정을 내린 상황을 설명한 기사를 찾아봅시다. 입법자가 내린 결정의 근거는 무엇인지 찾아보고 내용을 발표해 봅시다.

2. 여러분이 살고 있는 지역의 의원을 만나 인터뷰를 하거나, 홈피를 방문하여 아래 질문을 해 봅시다.

> • 당신의 가장 중요한 책임은 무엇입니까?
> • 책임, 가치, 이익이 충돌하는 사이에서 결정을 내리는 상황을 설명해 주세요.
> • 당신은 결론을 내릴 때 어떤 것들을 고려하시나요?

3. 시민의 한 사람으로서 문해결 의원에게 편지를 써 보세요. 문 의원에게 어떤 말을 당부하고 싶고, 그 이유는 무엇인지 드러나야 합니다.

PART IV

누구의 책임인가

TV 뉴스나 거리에서 수시로
볼 수 있는 자동차 사고 현장.
자동차 사고 현장에서 누구의
책임인지 명쾌하게 밝히는 일은
여간 어려운 일이 아닙니다.

모든 일에는 책임이 따르고, 그 일의 책임자는 그에 맞는 대가를 치러야 합니다. 하지만 복잡한 상황에서 책임자를 가려내기란 쉽지 않습니다. Part IV에서는 누가 책임을 져야 하는지 판단하는 연습과 책임을 완수한 사람에 대한 평가를 하게 됩니다. 무슨 일에든 책임을 따져 묻는 이유가 무엇일까요? 첫째는 '보답'을 하기 위해서입니다. 좋은 일, 잘한 일, 긍정적인 행동에 걸맞은 호의나 혜택을 갚는 것입니다. 둘째는 사람들이 일으킨 잘못이나 상처, 해로움과 악함에 상응하는 '벌'을 주기 위해서입니다. 셋째는 미래에 일어날 수 있는 비슷한 일에 '지침'을 주기 위해서입니다. 어떤 일에 대해 누가 책임을 져야 하는지 결정하고 그 이유를 명확히 밝히는 과정을 알아봅시다. 자신의 맡은 바 책임을 다한 사람과 그렇지 못한 사람에게 각각 알맞은 상벌이 돌아가도록 해야 합니다.

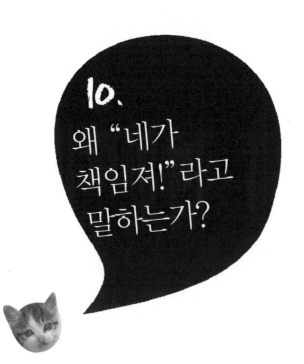

10.
왜 "네가 책임져!"라고 말하는가?

'책임을 진다' 는 것은 무슨 뜻일까요? 범죄든 공로든 모든 일에는 책임이 따르고, 책임자는 그에 맞는 대가를 치러야 합니다. 하지만 복잡한 상황에서는 책임자를 가려내기가 쉽지 않습니다. 이 장에서는 누구의 책임인지 결정할 때의 어려움과 그처럼 결정한 이유를 배웁니다.

책임을 따져 묻는 3가지 이유

어떤 일의 잘잘못에 대해 책임 여부를 가려내는 일은 쉽지 않습니다. 그럼에도 무슨 일에든 책임을 따져 묻는 이유가 무엇일까요? 첫째는 '보답' 을 하기 위해서입니다. 좋은 일, 잘한 일, 긍정적인 행동에 걸맞은 호의나 혜택을 갚는 것입니다. 둘째는 사람들이 일으킨 잘못이나 상처, 해로움과 악함에 상응하는 '벌' 을 주기 위해서입니다. 셋째는 미래에 일어날 수 있는 비슷한 일에 '지침' 을 주기 위해서입니다. 어떤 일에 대해 누가 책임을 져야 하는지 결정하고 그 이유를 명확히 밝히는 것입니다.

예를 들어 이번 시즌 우승팀 야구감독이 승리를 기뻐하며 "지난 밤 야구경기에서 우리 팀이 이길 수 있었던 것은 김용철 선수가 득점 타격을 했기 때문이다"고 말했다면, 그 이유는 무엇일까요? 바로 김용철 선수에게 '능력 있는 훌륭한 선수'라는 칭찬과 멋진 경기를 해 준 것에 대한 고마움, 팀을 승리로 이끈 공로에 대해 인정을 표현하기 위해서입니다.

또, 친구들과 어울려 놀던 중에 수진이가 민수를 밀어뜨려 팔이 부러졌고 민수가 응급실로 실려 갔습니다. 이 일에 대해 담임 선생님과 같은 반 친구들이 수진이가 "책임을 져야 한다"고 결정했다면 그 이유는 무엇일까요? 이 같은 결정은 수진이가 민수의 치료비를 지불하고, 그처럼 친구를 다치게 한 것에 괴로움을 느끼게 하려는 데 목적이 있습니다. 수진이에게 벌을 주는 것입니다.

책임 소재를 따져 밝히는 일은 유사한 일을 처리하는 데 지침이 되기도 합니다. 어느 중학교 3학년생들의 책 읽기 수준이 초등학교 6학년이라는 사실이 드러나, 해당 교육위원회가 그 이유를 조사한 후 "충분히 공부하지 않은 학생 측과 특별한 대책을 마련하지 않은 교사·학교 측에 모두 책임이 있다"고 발표했다고 합시다. 이 같은 발표의 목적은 학교 측과 교사들 모두 학생들을 위해 개선된 학습 프로그램을 제공하고, 학생들 또한 더욱 열심히 공부할 수 있도록 지도하는 데 있습니다.

생각 넓히기 ① 자동차 사고의 책임은 누구에게 있을까?

다음 이야기를 읽고 질문에 답하며 친구들과 토론해 보세요.

어느 이른 아침 태희는 작은 승용차를 몰며 좁은 주택 거리를 지나가고 있었습니다. 바로 그때 철수는 자신의 차고에서 배달 트럭을 도로 쪽으로 빼내고 있었습니다. 두 사람은 서로의 차가 다가오는 것을 미처 못 보았습니다. 철수는 길가에 세워진 대형화물차 때문에 태희의 차를 못 보았고, 태희도 길을 가로지르는 고양이 때문에 깜짝 놀라 철수의 배달 트럭을 못 보았습니다. 결국, 두 차는 충돌하고 말았습니다. 두 차의 충돌에 대한 책임은 누구에게 있나요?

1. 이 충돌 사고에 책임질 사람은 누구인가요?

2. 여러분이라면 어떤 결정을 내리겠습니까? 이 같은 결정을 내릴 때 무엇을 고려해야 할지 말해 보세요.

다음 이야기를 읽고 손해에 대한 책임이 누구에게 있는지 알아보세요.

50년 동안 홀몸으로 보호시설을 전전해 온 신칠순(83) 할머니. 보증금 100만 원에 월 10만 원짜리 지하 단칸방에서 외로움을 달래야만 했던 이기섭(84) 할머니. 새 보금자리 앞에 선 이들 할머니의 얼굴에는 내내 웃음이 떠날 줄 몰랐다.

이날 경기도 성남시 성남동 329번지에는 입주식이 열렸다. 6층짜리 건물인 '아리움'의 완공을 축하하는 행사다. '아름다운 우리들의 보금자리'를 뜻하는 '아리움'은 면적 1150㎡, 대지면적 574㎡ 규모로 원룸 형태이다.

할머니들의 아리움 입주식에 이대엽 성남시장, 정승일 한국지역난방공사 사장, 신훈 금호아시아나 그룹 부회장 등 100여 명이 참석했다. 아리움은 바로 성남시와 한국지역난방공사, 금호아시아나그룹이 '제3섹터(민관 공동) 방식'으로 홀몸 노인(독거노인)들을 위해 지은 무상임대 복지주택이다. 총 22억 원의 공사비가 들어간 아리움은 성남시가 집터(옛 성남동사무소 자리)를 제공하고, 금호아시아나그룹이 6억 원, 난방공사가 나머지 16억 8,000만 원을 부담했다.

아리움은 외로운 노인들을 위해 모든 방에 자연 채광이 가능하도록 설계되었다. 태양열을 이용하는 이 주택 1층은 로비, 경비실, 노인들에게 일자리를 제공하는 베이커리, 2층은 노인정과 관리사무실, 요가실 등 건강관리실을 갖췄다. 주거공간인 3~5층은 43㎡ 넓이의 원룸형 주거공간이 층마다 6~7개씩 모두 19개가 배치됐다.

사회복지사 박수미(38) 씨는 "입주한 노인들이 모두 사회에서 받은 혜택을 보답하겠다고 밝혀, 앞으로 지역을 위한 노인들의 봉사 프로그램을 운영할 것"이라고 했다. 복지주택을 기획한 윤형민 지역난방공사 홍

'아름다운 우리들의 보금자리'라는 뜻의 홀몸 노인 무상복지주택 아리움(ARIUM) 외관.

보팀장은 "기업은 더 이상 이익만을 추구하는 집단이 아님을 이번 기회에 보여 주고 싶다"고 말했다.

참고: 「홀몸노인 무상임대주택… '3색 연대' 가 만든 열매」, 『한겨레』 2009. 05. 13.

1. 위 글에 나타난 무상임대 복지주택 '아리움' 계획에서 책임이 가장 큰 사람은 누구입니까? 공헌 정도에 따라 개인과 그룹별로 순서를 매겨 봅시다.

2. 누구의 책임인지 결정하는 일은 생각보다 어렵고 힘듭니다. 이 같은 결정에서 고려해야 할 요소는 무엇이며, 자신이라면 어떤 결정을 내릴 것인지 말해 보세요.

생활에 적용하기

1. 신문이나 시사 잡지에서 비슷한 사례를 찾아보세요. 그 상황을 정리해 적어 보고, 그 일에 대해 누가 어떤 책임을 왜 져야 하는지 설명해 보세요.

2. 가족이나 이웃들과 인터뷰를 해 봅시다. 아래와 같은 상황에서 각각의 인물은 어떤 책임을 져야 할까요? 여러분의 생각과 인터뷰이들의 생각을 비교해 보세요.

> • 예진이는 돈이 없어서 3일 동안 굶었다. 예진이는 결국 슈퍼마켓에 들어가서 빵을 훔쳤다.
>
> • 진희는 갑숙이를 총으로 쏴 살해했다. 갑숙이가 자신을 납치하기 위해 토성에서 온 외계인이라고 생각했기 때문이다.
>
> • 4살 지민이는 세차할 때 사용되는 정원의 호스를 만지작거렸다. 차 바깥쪽이 깨끗해지자 지민이는 호스를 자동차 유리창 너머로 던졌다. 그 바람에 자동차 시트는 물에 젖어 엉망진창이 되어 버렸다.

II. 책임을 결정할 때 필요한 지적 도구

핵심 용어 알아두기

- **무모함**: 앞뒤를 잘 헤아려 깊이 생각하는 신중성이나 꾀가 없음.

- **부주의**: 조심하지 않음.

- **억제**: 감정이나 욕망, 충동적 행동 따위를 내리눌러서 그치게 함.

학습길잡이

각 개인이 업적이나 잘못에 대한 책임을 고려할 때, 사용할 지적 도구에 대해 알아봅니다. 실생활에서 이러한 지적 도구를 활용해 봅시다.

책임 결정을 돕는 7가지 지적 도구

사람들은 매일 학교, 회사, 정부에서 누가 책임을 져야 하는지 결정하는 문제에 직면해 있습니다. 이 같은 판단은 쉬울 때도 있지만, 아주 어려울 때도 있습니다. 상황이 너무 복잡해서 합리적이고 공정한 결정에 도달하기가 여의치 않기 때문입니다.

다음의 7가지 지적 도구는 여러분이 결정을 내리는 데 유용한 체계적이고 신중한 방법을 알려 줍니다. ①~③까지 질문은 책임 여부를 결정할 때 참고하면 유용합니다. 나머지 ④~⑦까지 질문은 잘못된 일에 대해 책임을 결정하고 싶을 때 사용해야 합니다.

① 책임져야 할 사건이나 상황은 무엇인가요?

책임 여부를 결정하기 위해서는 첫째로 사건이나 상황을 밝혀야 합니다. 예를 들어 여러분이 자동차 사고, 새로운 질병 치료법 발견, 전국 선수권 대회에서 축구팀 우승, 학교 내 폭력과 같은 사건이나 상황에 처했다고 생각하고 결정해 보세요.

② 관계된 사람은 누구이며 어떤 책임을 져야 하나요?

사건이나 상황을 확인하고, 누가 책임을 져야 하는지 목록을 만들어 보세요. 예를 들어 57쪽의 자동차 사고는 다음과 같은 목록을 만들 수 있습니다.

- 태희: 스포츠카 운전자.
- 철수: 배달 트럭 운전자.
- 대형 트럭을 주차시킨 사람: 철수의 시야를 막은 원인 제공자.
- 고양이를 밖으로 풀어놓은 사람: 태희를 깜짝 놀라게 한 원인 제공자.

③ 각각의 사람들은 사건 및 상황에 어떤 영향을 끼쳤나요?

해당 사건이나 상황에 책임이 있다고 생각되는 모든 사람들을 목록으로 만들고, 각각 어떤 영향을 끼쳤는지 평가해 보세요. 혹시 그 사람이 다르게 행동했어도 그와 같은 사건이나 상황이 벌어졌을까요? 57쪽의 자동차 사고를 예로 들면 다음과 같습니다.

- 태희: 도로를 주시하지 않았기 때문에 사고가 났다.
- 철수: 차도에 아무것도 없다는 걸 확인하지 않을 채, 현관에서 차도까지 후진으로 나왔기 때문에 사고가 났다.
- 대형차를 주차한 사람: 좁은 거리에 대형차를 주차해 철수의 시야를 막았기 때문에 사고가 났다.
- 고양이를 밖으로 나가게 한 사람: 고양이 때문에 태희가 깜짝 놀랐기 때문에 사고가 났다.

④ 사람들은 각각 자신의 직무와 의무에 충실했나요?

사건 및 상황에 관련 있는 사람들이 각각 자신의 의무나 직무에 충실했는지 평가해 보세요. 자신의 권리 안에서 정당하게 행동한 사람인지 아닌지 판단해야 합니다. 위의 사건에 이를 적용해 보면 아래와 같습니다.

- 태희는 주의 깊고 안전하게 운전해야 할 운전자의 의무 혹은 직무를 어겼다.
- 철수는 도로에 들어설 때는 상대 차에 양보하는 것이 좋다는 운전자의 의무 혹은 직무를 어겼다.
- 대형차가 불법으로 주차하거나 위험한 위치에 주차한 것이 아니라면, 대형차 주인은 직무나 의무를 어기지는 않은 것이다.
- 고양이가 집안에 있어야 하거나 고양이를 끈으로 묶어야 한다는 것을 요구하지 않는 이상, 고양이 주인은 직무나 의무를 어긴 것이 아니다.

⑤ 사건 및 상황 발생시 사람들의 심리상태는 어떠했습니까?

의도, 무모함, 부주의, 예상되는 결과에 대한 인식 등 4가지로 나누어 생각해 보세요. 첫째, 사람들이 일부러 그런 사건이나 상황을 일으켰는지 '의도'를 살펴보세요. 둘째, 어떤 결과가 벌어질지 뻔히 예상되는데도 그 같은 사건을 일으켰는지 '무모함'을 따져 보세요. 번화한 도시 거리에서 100km의 속도를 내는 것 등이 한 예입니다. 셋째, 사건을 일으킨 사람이 부주의하거나 태만한가요? 부주의는 예견할 수 있는 손해나 손상의 위험성에 충분히 관심을 기울이거나 조심하지 않는 것을 말합니다. 물웅덩이나 호숫가에 꼬마 아이 혼자 내버려 두는 것이 그 예입니다. 넷째, 자신의 행동이 어떤 결과를 불러올 거라고 예상했는지 생각해 보세요.

그런데 왜 책임을 결정할 때, 속마음을 조사해야 하는 걸까요? 사람들의 마음은 그들의 행동을 우리가 어떻게 평가하느냐에 따라 차이점이 생깁니다. 다음 2가지 예를 들어 생각해 봅시다.

사례 1: 현수가 자동차 사고를 일으켰다.

만약 현수의 심리상태가 아래와 같다면 그 책임의 정도는 매우 달라집니다.
– 현수는 보험금을 타려고 했다.(의도적으로 행동했다.)
– 현수는 음주운전을 했다.(부주의하게 행동했다.)
– 현수는 정지 신호를 미처 알아차리지 못했다.(부주의하게 행동했다.)

사례 2 : 민지는 담배 라이터로 커튼에 불을 붙였다. 집 전체에 불이 번졌다.

만약 민지가 다음의 경우에 해당된다면 그 책임의 정도는 매우 달라집니다.
– 민지는 2살이다. (예상되는 결과를 인식하지 못하고 행동했다.)
– 민지는 10살이고, 불을 끌 수 있었다. (예상되는 결과를 인식하고 행동했다.)
– 민지는 30살이고, 화재 사건으로 보험금을 타려고 했다. (예상되는 결과를 인식하고 있었으며 의도적으로 행동했다.)

⑥ 사람은 자신의 행동을 통제할 수 있는가?

사람들은 모두 자신이 할 수 있는 여러 가지 중에서 어느 한 가지를 선택하고 행동합니다. 억제나 선택 없이는 책임도 없습니다. 다음 예를 살펴봅시다.

- 선희는 월급 통장을 들고 은행에 갔다. 그 후 도둑떼가 들어와 선희의 등 뒤로 총을 들이대며, 자신들의 도주 차량을 운전하도록 시켰다.
- 학교에서 동수는 아래층으로 내려가는 계단에서 상호와 부딪쳤다. 중심을 잡지 못한 동수가 넘어지면서 소희를 밀쳤고, 소희는 발목에 부상을 입었다.

⑦ 더 중요한 가치와 이해관계, 책임을 위해서 행동한 결과인가요?

때때로 중요한 가치, 이익, 책임은 사람들이 책임을 져야 하는 행동을 정당화하는 구실이 됩니다. 아래와 같은 예를 봅시다.

- 철민은 3명의 아이들을 화재에서 구하기 위해 이웃집 대문을 부수고 들어갔다.
- 극장에서 불이 났을 때 안내인은 소리를 지르며 극도의 흥분 상태를 보이는 사람을 일부러 기절시켰다. 그리고 관객들이 차례로 침착하게 출구를 빠져나갈 수 있도록 안내했다.

위와 같은 7가지 지적 도구를 실생활에 적용하기란 쉬운 일이 아닙니다. 다음 예를 통해 지적 도구를 실생활에 적용하는 연습을 해 봅시다. 누가 이 사고의 책임을 져야 할까요?

경선미와 혜수는 점심식사 줄에 서서 얘기를 나누고 있었다. 그런데 바로 앞에 서 있던 현철이가 식판에 점심을 받아 나가면서 선미와 부딪치면서 사고가 생겼다. 현철의 점심은 바닥으로 내동댕이쳐졌고, 선미와 혜수는 서로 부딪치며 상처를 입었다. 깜짝 놀란 혜수는 선미에게 왜 일부러 부딪치는 거냐고 말했다. 선미는 그건 실수였고, 잘못해서 미끄러진 것뿐이라고 말했다.

생활에 적용하기

1. 변호사나 판사를 만나 책임 여부를 결정할 때 고려해야 할 것은 무엇인지 알아봅시다.

2. 법정을 방문하여 재판 과정을 지켜 보세요. 재판장에서 사건 및 상황에 따른 책임 여부를 결정할 때, 어떤 점들을 고려하는지 살펴보세요. 아래의 지적 도구 중 어떤 것이 재판에서 중요하다고 생각하나요?

• 원인	• 직무 또는 의무	• 심리상태
• 억제 또는 선택	• 중요한 가치, 이익, 책임	

12. 책임자 정하기

여러 사람이 관련된 사건이나 상황에서 책임은 어떻게 결정될까요? 지적 도구들이 어떻게 적용될 수 있는지 알아봅시다.

생각 넓히기 근무 중 사고의 책임은 누가 져야 할까?

다음 글은 근무 중 부상을 당한 사람에 관한 것입니다. 누가 책임져야 할지 생각해 보세요.

김만수는 6월 15일 한솔 목공소에서 새로 구입한 전기톱으로 일을 하던 중에 사고로 오른팔을 잃었다. 따라서 몇 주 동안 병원에 입원해야 했고 상당히 높은 의료비가 나왔다. 사고 후 보험회사 직원이 여러 명의 목공소 직원과 인터뷰하여 다음과 같은 정보를 얻었다.

1. 사고 당시 김만수는 3m 길이 삼나무를 톱으로 자르고 있었다. 그는 한솔 목

65

공소에서 20년 이상이나 일을 해 왔기 때문에 매우 능숙하게 톱을 다룰 줄 알았는데, 톱날에 다치지 않도록 작업자를 보호하는 '톱 보호장치'를 사용하지 않는 습관이 있었다. 회사 규정에 따르면 반드시 톱 보호장치를 사용해야 했지만, 김만수는 늘 그 안전장치가 작업에 방해된다고 말했고 사고 당일에도 보호장치를 사용하지 않았다.

2. 박칠수는 한솔 목공소의 지게차 운전수인데, 사고 당일 김만수의 톱날 옆에서 지게차를 조종하고 있었다. 박칠수는 우연히 톱날 쪽으로 후진을 하게 되었고, 그 결과 톱날이 김만수를 향하여 미끄러지게 되었다. 김만수는 그 상황 속에서 미처 몸을 피할 수가 없었다. 박칠수는 순간적으로 졸았던 사실을 인정했다. 등의 통증이 심해서 그날 점심시간에 병원을 찾았는데, 의사는 근육이완제를 처방해 주면서 약 때문에 졸릴 테니 일을 하지 말고 집에서 쉬라고 말했다. 하지만 박칠수는 집에서 쉴 수가 없었다. 최근 그는 많은 양의 일을 제대로 해내지 못한다는 말을 들었기 때문에, 가뜩이나 바쁜 와중에 하루를 쉬면 일자리를 잃을지도 모른다고 생각했다.

3. 한명수는 목공소의 소유주이면서 경영자이다. 그는 기계공장에서 특별한 톱을 구입했는데, 톱이 부착된 테이블을 바닥에 볼트로 고정시키라는 지시 사항을 따르지 않고 무시했다. 톱의 무게만으로도 테이블이 움직이지 않을 것이라 생각했기 때문이다.

4. 최민지는 기계공장의 검열관으로서 판매된 기계가 정확하게 설치되었는지, 그리고 제대로 잘 작동하는지 검열하는 것이 주업무이다. 그런데 사고가 나기 3일 전 최민지는 한솔 목공소의 전기톱 정기점검을 시행하지 않았다. 휴가를 떠나는 비행기 시간이 너무 촉박했기 때문이다. 최민지는 휴가가 단지 7일에 불과하기 때문에, 돌아오자마자 한솔 목공소를 점검해도 괜찮을 것이라고 생각했다.

1. 여러분은 누가 김만수의 부상을 책임져야 한다고 생각하나요? 그 이유를 말해 보세요.

2. 이런 상황에서 누구의 책임인지 결정하는 것이 왜 중요할까요?

	김만수	박칠수	한명수	최민지
누구의 책임인지 결정하기 위한 지적 도구표				
1. 문제가 되고 있는 사건이나 상황은 무엇인가?				
2. 책임이 있다고 생각되는 사람들은 누구인가?				
3. 각각의 사람은 어떻게 그 사건이나 상황을 유발시켰나?				
4. 각각의 사람은 어떠한 의무 사항을 위반했나?				
5. 각각의 사람들의 심리상태는 어떠했나? • 열중 • 무모함 • 부주의함 • 상황이 낳을 결과를 예측함				

6. 각각의 사람들은 통제력이 결여되었는가? 그들은 다르게 행동할 수 있었는가?				
7. 각각의 사람들의 행동을 타당하게 만드는 중요한 가치나 이익, 책임은 무엇인가?				

생활에 적용하기

1. 이와 비슷한 사건이 있는지 신문, 잡지 인터넷을 찾아보세요. 그 사건에 대해 '누구의 책임인지 결정하기 위한 지적 도구표'를 만들어 보세요. 여러분이 발견한 내용을 반 친구들에게 자유롭게 발표하세요.

2. 변호사나 판사를 만나 이와 유사한 사건이 있는지 물어보고, 그 사건에 대해 함께 토론해 보세요.

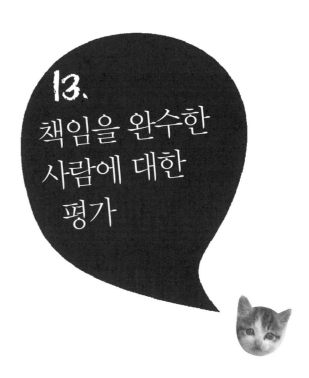

13.
책임을 완수한 사람에 대한 평가

책임 여부를 따지는 것은 잘못한 누군가를 처벌하거나 그 사람의 잘못된 행위를 막기 위해서입니다. 또, 책임을 훌륭히 완수해 낸 사실을 인정·칭찬하고, 보상하기 위해서도 책임을 여부를 따집니다. 책임을 완수한 사람에 대해 평가하고 입장을 취해 봅시다.

생각 넓히기 **십시일반 장학금이 52억, 서천이 '깜짝'**

충남 서천사랑장학회에 대한 다음 내용을 읽고 모둠별로 이어지는 질문에 답하세요.

충남 서천은 보령과 전북 군산 사이에 있는 작은 도시이다. 이곳은 우리 역사에서 한 번도 중심이 되거나 주목받지 못했다. 일제강점기 수탈의 역사인 장항제련소의 높은 굴뚝이 랜드마크였던 이 땅에 새로운 기부 문화가 뿌리 내려 6만여 군민들에게 자긍심과 희망을 주고 있다. 군민들의 희망이 되고 있는 것은 바로 서천

서천사랑장학회와 해당 장학금을 받은 학생들의 모습. 서천군 지역민들의 마음이 담긴, 꿈과 희망의 장학금은 성적우수 학생과 가정 형편이 어려운 학생들에게 전해졌다.

사랑장학회의 '장학금 100억 원 모으기' 사업이다. 사람들 사이에서 장학금 얘기만 나오면 서천군민들의 입가에는 웃음이 묻어난다. 10년 묵은 꿈을 곧 이룰 것이라는 기쁨 때문이다.

서천사랑장학금은 지난해 말 총 모금액이 50억 원을 넘어섰다. '50억 원을 모았는데 100억 원을 못 모으랴' 싶어 웃음이 절로 난단다. 21일 현재 6개 통장에는 52억 9,000만 원이 들어 있다. 이 장학금이 처음 만들어진 것은 지난 1999년이다.

"서천에 뭐가 있슈? 사람이라도 키워 고향의 미래를 준비하자는 마음에서 장학금 모금운동을 벌였쥬."

서천사랑장학회 나우찬 총무이사는 "시작할 때 2억 원 정도 모으면 다행이다 싶었는데, 1,000여 명이 참여해 5억 원을 모았다"고 10년 전의 열기를 전했다. 모금 초기에 장학회를 향한 군민들의 마음은 확인했지만, 그 뒤 몇 년 동안 기금이 넉넉하게 모이지는 않았다.

장학금 붐이 일어난 것은 장학회가 2차 군민회원 모집에 나선 2006년부터다. 마침 한산모시문화제, 전어축제, 광어축제, 꼴갑(꼴뚜기와 갑오징어)축제가 활발해지면서 주민과 상인들이 얻은 수익의 일부를 장학금으로 기부하고 나선 것이다.

나소열 서천군수가 취임 직후부터 월급에서 매달 장학금으로 100만 원씩을 내놓고 있다는 것도 이때 군민들에게 알려졌다. 그가 처음 군수에 당선된 2002년 "장학금 100억 원을 모아 보자"고 제안하자 "젊은 군수가 꿈 같은 얘기를 한다"며 설마 하던 군민들은 군수의 선행을 듣고 "우리가 해보자"라며 힘을 보탰다.

6월 말 현재 매달 기금을 내는 정기회원은 1,200명, 지역 기업 등 제휴회원은 63개사에 이른다. 여기에 애·경사 등 가정에 특별한 일이 있으면 비용을 아껴 출연하는 비정기회원이 1,000여 명을 넘어서면서 지난해에는 순수한 기금 모금액만 13억여 원에 달했다. 서천군청 기금업무 담당 이은정 씨는 "2~3년 사이 기금이 눈덩이 불어나듯 늘었다"며 "지난해 50억 원을 넘어서자 지역 직장인들 사이에 1만 원 이하 낙전 장학금 이체 운동도 벌어지고 있다"고 전했다.

"군 전체에 장학금 모으기 바람이 불고 있습니다." 정기회원인 이온숙(주부, 서천군 한산면) 씨는 "장학금 100억 원을 만들자는 목표를 이루려고 형편이 되는 대로 5,000원이든 1만 원이든 내는 군민이 늘고 있다"며 "장례 치르고 부조금을 쪼개 기금을 내는 이들, 연말이면 동전 모은 저금통을 통째로 내는 이들이 심심찮게 있다"고 말했다.

장학회는 올 4월 고교생과 대학생 111명에게 1억 7,010만 원을 지급하는 등 10년 동안 서천지역 학생 747명과 13개 체육팀에 7억 6,660만 원의 장학금을 지급했다. 장학금은 장학회 이사와 읍면 지부장 등 30명이 성적우수 학생과 가정 형편이 어려운 학생으로 나누어 대상자를 정한다.

김중원 장학회 이사장은 "군민의 바람대로 장학금으로 공부한 지역 인재들이 각 분야 전문가가 되어 고향으로 돌아와 일하는 꿈을 꾼다"며 "이들이 돌아와 일할 수 있는 터전을 만드는 일이 우리 세대가 해야 할 또 하나의 과제"라고 말했다.

참고: 「십시일반 장학금이 52억 서천이 '깜짝'」, 『한겨레』 2009. 07. 21.

1. 이 업적에 기여했다고 생각되는 사람이나 집단을 모두 적어 보세요.

2. 가장 기여했다고 여겨지는 개인이나 집단에게 상을 준다면, 그 상은 누구에게 줘야 할까요? 다음으로 공로가 큰 3명에게 상을 준다면, 누구누구에게 줄 것이며 왜 그런지 이유를 말해 보세요.

생활에 적용하기

1. 신문이나 잡지에 나온 시상식의 예를 찾아보고, 상을 받는 사람들을 결정하는 기준이나 지침을 알아보세요.

2. 여러분의 힘을 보태어 해결하고 싶은 지역사회 문제는 무엇인가요? 친구들과 함께 문제를 찾고, 그 문제를 해결하기 위해 여러분이 무엇을 해야 할지 토의하고 설명해 보세요.

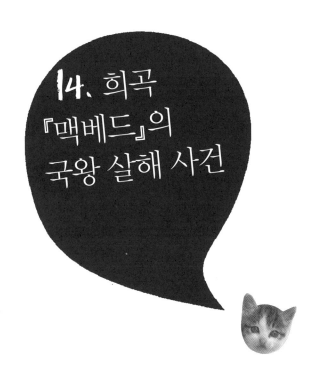

14. 희곡 『맥베드』의 국왕 살해 사건

윌리엄 셰익스피어의 유명한 희곡 『맥베드』를 통해 '살인에 관한 책임'을 결정해 봅시다. 지금까지 배운 지적 도구를 활용해 결정해 보세요.

생각 넓히기 | 왕을 살해한 사람은 누구인가?

다음은 셰익스피어가 쓴 『맥베드』의 한 부분입니다. 읽고 질문에 답해 보세요.

스코틀랜드의 장군 맥베드는 전장에서 승리를 거두고 마침내 고국에 돌아왔다. 맥베드는 고국으로 돌아오는 길에 매우 흥미로운 일을 겪었다. 맥베드는 그 일을 아내에게 빨리 말하고 싶어서 자신의 성에 도착하자마자 서둘러 아내의 방으로 달려 올라갔다.

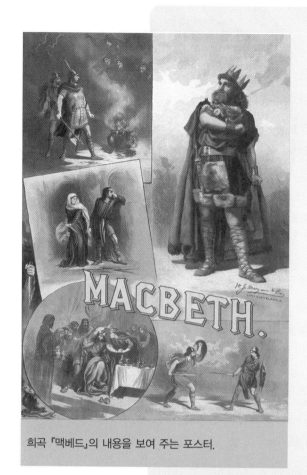
희곡 『맥베드』의 내용을 보여 주는 포스터.

맥베드가 흥분하며 말했다.

"부인, 내 말을 잘 들어보구려. 집으로 돌아오는 길에 난 우연히 세 명의 마녀를 만났소. 아주 이상한 여인네들이었는데, 내게 기이한 예언을 해 주었소이다."

맥베드는 깊은 한숨을 쉬며 계속했다.

"그 여자들은 내가 훗날 왕이 될지도 모른다고 했소. 왕인 내 사촌 던컨이 죽는다면 내가 왕좌를 계승한다는 것이오. 아무리 세 마녀들이 미래를 내다보는 힘이 있다고 해도 정말 터무니없는 소리가 아니오? 던컨 왕은 나보다 훨씬 더 젊은 나이잖소."

맥베드 부인은 그의 이야기에 귀가 솔깃해졌다. 그녀는 야망이 아주 컸으며 장차 왕비가 되고 싶었다. 그래서 남편인 맥베드가 왕이 되도록 할 수 있다면, 어떤 일이라도 할 수 있었다. 그녀가 말했다.

"당신은 왕이 될 것입니다. 내 부군이시여! 우리는 운이 좋아요. 바로 오늘 밤 왕이 이곳에 올 것입니다. 우린 그를 죽일 수 있어요. 그리고 마녀들의 예언이 사실이라면, 당신은 왕으로 지명될 것입니다."

맥베드는 주저했다. 왕을 살해하자는 아내의 생각이 탐탁스럽지 않았지만, 그녀의 말을 들으니 과연 왕의 자리가 욕심이 났다. 결국, 왕이 되겠다는 욕망을 부추겨 그녀는 맥베드로 하여금 던컨을 살해하겠다는 약속을 하게 했다.

그날 밤 던컨 왕이 성에 도착했다. 성대한 만찬 후에 왕은 침소로 들었고, 두 명의 호위병이 왕의 침실을 지켰다.

맥베드 부인은 남편에게 달려갔다. 그녀가 외쳤다.

"시간이 되었어요. 호위병이 잠을 자고 있답니다."

하지만 맥베드는 생각에 잠겼다. 던컨 왕은 친절한 사람이었고, 맥베드는 그런 좋은 사람을 죽이고 싶지 않았다. 맥베드 부인은 계속 그를 몰아붙이며 그에게 용

기라는 것이 있는 사람이냐고 물었다. 그녀는 살해에 대한 책임은 호위병이 지게 될 것이 확실하다며 이렇게 말했다.

"맥베드! 당신은 왕이 될 유일한 기회를 잃어버리실 작정입니까? 지금 가세요! 여기 단검이 있어요."

맥베드는 단검을 받아 잠 자고 있는 호위병을 넘어 왕의 침실로 들어갔다. 그리고 더 이상의 생각 없이, 왕을 찔렀다. 그가 일을 끝내고 자신의 방으로 돌아오자 그의 부인은 맥베드에게 피 묻은 단검을 빼앗듯이 가져갔다. 그리고 복도에서 자고 있는 호위병 곁에 놓았다.

다음 날 아침 범죄가 발견되었을 때, 맥베드와 그의 부인은 충격받은 척하며 애도를 표했다. 둘 다 왕을 죽인 자들이 호위병들이 틀림없을 것이라고 말했다.

?

1. 왕의 살해에 책임이 있는 자는 누구인가요? 한 사람 이상이 책임져야 한다면, 그들의 책임은 모두 똑같은가요?

2. 살인에 대해 책임이 없다고 생각되는 사람은 누구인가요? 이유를 말해 보세요.

3. 자신이 맥베드나 그의 부인, 혹은 호위병이라고 가정해 보세요. 여러분은 살인에 대한 책임이 있나요, 없나요? 자신의 생각과 그 이유를 신문기자에 편지를 쓰는 것처럼 써 보세요.

4. 변호사나 판사를 만나 실제 사건이라면 누가 범죄에 대한 책임을 져야 하는지 물어보고 친구들과 함께 토론해 보세요. 책임의 문제는 어떻게 되는지, 그 판결의 이유가 무엇인지 알아보세요.

중학생을 위한 민주주의 **책임편**

행복을 책임지는 사람

©민주화운동기념사업회 2009

초판 1쇄 2009년 12월 21일 펴냄   초판 2쇄 2014년 9월 22일 펴냄

엮고 쓴이 | 이혜숙 · 이근화 · 손진근   펴낸이 | 강준우   기획 · 편집 | 박상문, 안재영, 박지석, 김환표
디자인 | 이은혜, 최진영   마케팅 | 이태준, 박상철   인쇄 · 제본 | 대정인쇄공사
펴낸곳 | 인물과사상사   출판등록 | 제17-204호 1998년 3월 11일
주소 | (121-839) 서울시 마포구 서교동 392-4 삼양빌딩 2층   전화 | 02-471-4439   팩스 | 02-474-1413
홈페이지 | www.inmul.co.kr | insa@inmul.co.kr
ISBN 978-89-5906-132-7 43300
ISBN 978-89-5906-133-4 (세트)
값 8,500원